Oisix NIIGATA ALBIREX BASEBALL CLUB OFFICIAL YEAR BOOK 2023

オイシックス新潟アルビレックス・ベースボール・クラブ オフィシャルイヤーブック2023

CONTENTS

NSGグループはオイシックス新潟アルビレックスBCを応援しています!

新しい持続可能な成長を

私たちが目指す「New Sustainable Growth（新しい持続可能な成長を）」とは、
単なる経済的な成長ではない新しい成長のあり方です。
地域を活性化し、豊かさと幸せを感じられるまちにする事業の創造による成長であり、
地球全体の課題解決に資する事業の創造による成長でもあります。
各地域が自立し、活性化する事ではじめて国家・国際社会の持続的な発展が可能となります。
私たちは民間の立場で、関わる人々と共に幸せなまちづくりのモデルを構築し、
その実践の中で人財を育てます。
そして、理念を共有し経験を積んだ人財を全国、世界へ送り出すことで、
自らの成長と共に、地球全体の持続可能な発展に貢献してまいります。

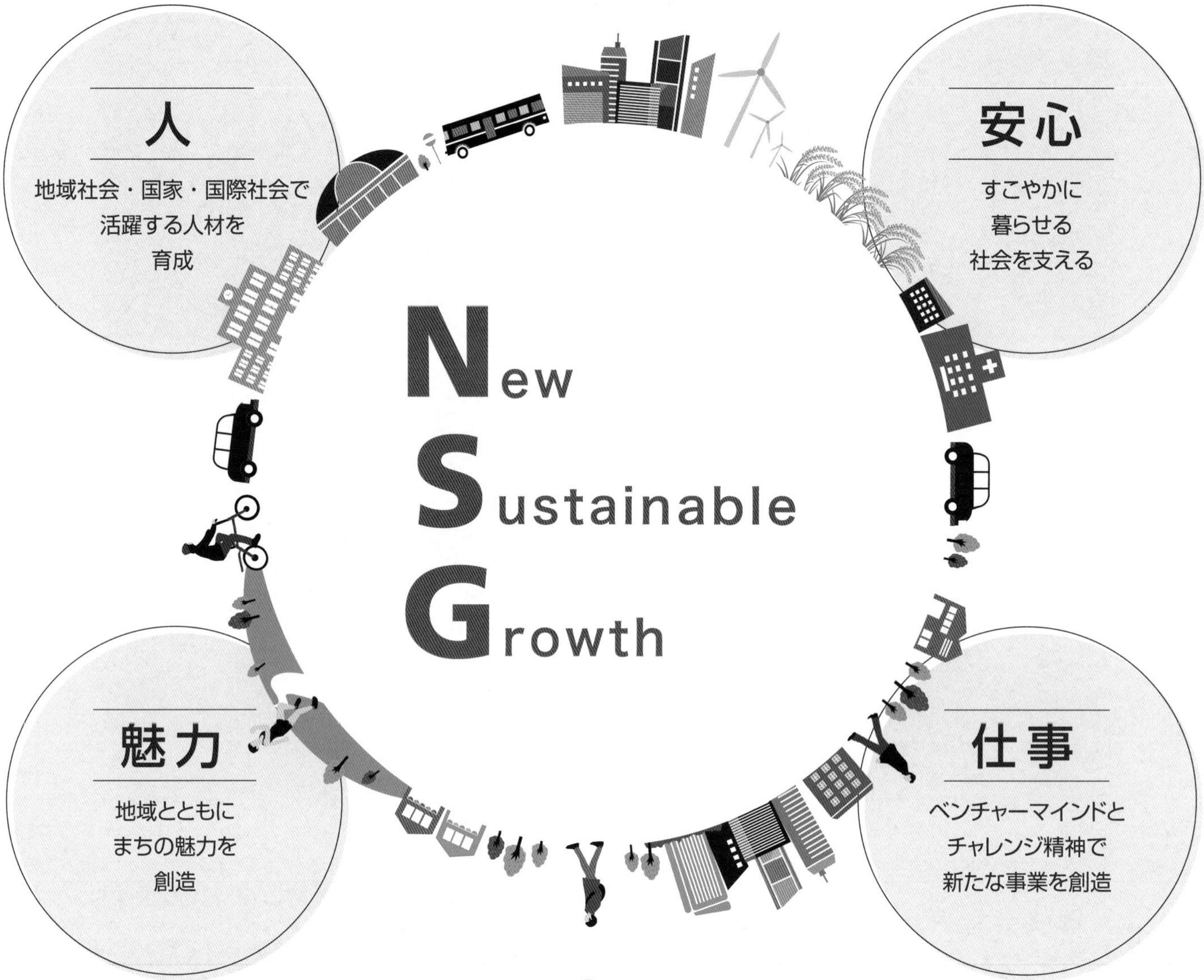

国連は、2015年に「持続可能な開発目標（SDGs）」を発表し、地球規模で解決すべき課題に向けた17の目標を掲げました。NSGグループが展開する事業の領域は多岐に渡り、全ての目標に貢献することが可能と考え、国際社会の一員としてその課題解決に積極的に取り組んでまいります。

New Sustainable Growth
NSG GROUP

NSGグループ

新潟本部／〒951-8063 新潟県新潟市中央区古町通2-495
東京本部／〒100-0005 東京都千代田区丸の内1-7-12 サピアタワー10F

NSGグループ 検索

激闘 PLAY BACK 2023

Fierce Fight Playback 2023

2023年の新潟アルビレックス・ベースボール・クラブ(BC)は全63試合を戦い、38勝24敗1分、勝率・613という成績を残した。2年連続で年間成績を勝ち越し、北地区2位。昨季に続いてプレーオフ(地区チャンピオンシップ)への進出を果たした。シーズン序盤こそ波に乗れなかったが、中盤から中継ぎ、抑えの投手陣が「勝利の方程式」を確立。打線も途中加入の伊藤琉偉らの活躍で徐々に調子を上げ、夏場には首位の信濃を射程圏内にとらえた。しかしあと一歩、届かなかった。新潟はこれで17年間のBCリーグでの戦いを卒業し、2024年から新たなステージであるファーム・リーグに戦いの場を移す。

「頂」のスローガン掲げ 新ユニとともに開幕へ

2023年、指揮官は「頂(いただき)」のスローガンを掲げ、チームは頂点=優勝のみを目指してスタートした。

期待の新人10人が入団し、練習生を含めて36人の選手体制と、例年になく層が厚くなった。

3月6日の必勝祈願後には、監督に復帰し3年目(通算4年目)となる橋上秀樹監督が「高いレベルで戦えると自信を持って言える。一切妥協せずに戦う。覚悟を決めて一年間、一致団結して頂点を目指して戦おう」と選手を鼓舞した。2023年の主将に任命された2年目の藤原大智は「新入団選手が数多く入り、昨季以上に競争が激しくなる。切磋琢磨しながら、頂を目指して頑張ろう」と呼びかけた。

また2023年の新デザインのユニフォームもお披露目され、新たに青を基調としたビジター用が初めて製作され、ホーム用も新調した。

3月9日からハードオフ・エコスタジアムで始まった全体練習(キャンプ)では、特に新人投手陣である内田健太、鈴木颯人がブルペンで力のある球を投げ込み、首脳陣を喜ばせた。また野手陣でも新人外野手の篠田大聖が打撃で力強さを見せ、レギュラー争いが激しくなる予感を抱かせた。

チームは翌10日に高知県へと移動。約一週間の高知キャンプを経て、20日には新潟市での練習を再開し、開幕へ順調に歩みを進めるはず、だった。

誤算があったとすれば、前年終盤にブレークし開幕投手候補だったアンダーハンド・下川隼佑がオープン戦などで制球に苦しんでいたこと。オフにウエートトレーニングなどで大きくした体をまだうまく使いこなせず、上半身と下半身が噛み合っていなかった。首脳陣は下川をしばらく中継ぎに置き、先発陣を再考することになった。

2年連続で開幕連敗スタートも 5月に6連勝で信濃に迫る

4月8日。ビジターでの信濃戦が開幕戦となった。開幕投手に抜擢されたのは2年目の右腕・山田将生。オフに桐蔭横浜大の同期である巨人・菊地大稀と一緒にトレーニングをしたことで刺激を受けた。躍動感のあるフォームで、指揮官は「キャンプ初日、オフに一生懸命練習を重ねてきたことがわかる動きだった」と抜擢の理由を説明した。

山田は首脳陣の期待に応え4回無失点と及第点の投球をみせた。試合は2対2で迎えた延長タイブレークの10回、守護神・吉田一将がサヨナラ打を浴びて黒星スタートとなった。

翌9日のエコスタでのホーム開幕戦は先発した新人・鈴木颯人が3回1失点も、救援陣が制球に苦しみ、4対9で敗れ、2年連続で開幕2連敗スタートとなった。

ただ、4月13日のソフトバンク三軍戦で1点を追う7回、二死満塁から阿部一心が走者一掃逆転三塁打を放ち、7対5で今季初勝利を飾ると、そこから3連勝。

その後に信濃、群馬に4連敗を喫するなど4月は4勝6敗で終えたが、5月に入ると徐々に投打が噛み合ってきた。3日の信濃戦では再契約を結んだ熊谷航が4安打3打点の活躍をみせ、11対5で快勝し、今季信濃戦初勝利を飾ると、5月は6連勝を含む10勝3敗の好成績で、北地区で信濃に迫る2位に浮上した。

6月は4勝5敗1分の成績となったが、頼もしい選手が調子を上げてきた。今季エースの働きを期待されながら、なかなか結果が出なかった下川である。3日の栃木戦で先発し6回無失点の好投で勝利すると、10日の福島戦では9回を投げ初完封勝利。散発4安打、9奪三振という完璧な内容だった。橋上監督も「下川の投球に尽きる」と絶賛する内容だった。

6月23、24、25日にエコスタで開催された巨人三軍戦は今季の新潟の成長を象徴するような試合展開となった。

第一戦は序盤に大量リードを許し、2対9で大敗したが、第二戦は逆に打線が爆発し、1回に小池智也が3ランを放ち、試合を優位に進め、投げては下川が8回まで無失点の好投で10対2で快勝した。1勝1敗で迎えた第三戦は巨人に序盤から4点のリードを許したが、終盤に新潟が追いつく白熱した展開で5対5の引き分けに終わった。選手も首脳陣も後半戦に向けて手応えをつかむ戦いだった。3試合で集まった4000人を超える観客も見応えのある試合を堪能した。

じわじわと信濃に迫るも
天王山の3連戦で勝負強さに差

7月に入ると強烈な存在感を放つ選手が現れた。5月に途中入団した内野手の伊藤琉偉である。

遊撃の守備で好守を連発。打撃でも徐々に相手投手に適応し、チャンスでも勝負強さをみせるようになっていった。25日の福島戦でサヨナラ打、翌26日の群馬戦では3安打2得点と勝利に貢献し、2夜連続でMVPに輝いた。さらに27日のビジター群馬戦では延長10回裏、逆転サヨナラ負けのピンチの場面でセンターへ抜けるかという当たりをキャッチし、素早いグラブトスで一塁走者をアウトにした。

チームは7月に11勝3敗。特に16日から29日までは今季シーズン最多の8連勝をマーク。じわじわと首位・信濃との差を詰めた。

また15日には社会人野球チームに所属していた前川哲が新潟に復帰。後半戦へ、貴重な先発として力を発揮することになる。

勝負の8月に入ると新潟は4連勝。いよいよ6ゲーム差で信濃と天王山の3連戦を迎えることになった。

11日、五泉市営球場での「第一戦」は、序盤の2回に篠田大聖の2点適時二塁打で先制し、3回にも片山悠の犠飛で1点を追加した。しかし先発の下川が5回に同点に追いつかれると、ここまで中継ぎで貴重な役割を果たしてきた新人左腕・内田健太が6回に勝ち越しを許し、7回には3ランを喫して、6対9で敗れた。

12日のビジター・上田球場での「第二戦」は9回2死まで6対0でリードしていたが、そこからまさかの3本塁打を浴びて信じられないような逆転サヨナラ負けを喫した。

13日のエコスタでの「第三戦」は1点の競り合いとなった。4対3と1点リードで迎えた8回、セットアッパーの吉田一将が3点を奪われて逆転を許すと、9回には抑えの上村知輝が3ランを浴びて、5対9で敗れ、目の前で信濃に胴上げを許した。

8、9月は9勝7敗と勝ち越したものの、信濃に4敗を喫した。勝負所での、一球の勝負強さに勝る信濃に屈した。

北地区2位で挑む形となった地区チャンピオンシップの初戦は、序盤から投手陣が信濃打線に打ち込まれ、3対8で敗れた。新潟は2年連続でプレーオフで敗れ、目指していた「頂」への道は閉ざされた。

シーズンを通して強いアルビレックスは帰ってきた。しかし、目指してきた優勝まではもう一つ、手が届かなかった。

ドラフトで伊藤がヤクルト5位指名
球団は来季からファーム・リーグへ

10月26日のNPBドラフト会議では伊藤琉偉が東京ヤクルトスワローズから5位指名を受けた。新潟としては4年ぶりのドラフト指名で、5位は球団最高順位という快挙だった（伊藤の詳細は10、11ページ）。

また球団は11月22日に2024年シーズンからのファーム・リーグ参加が正式決定した（ファーム参加の詳細は58ページ以降）。17年間のBCリーグでの活動に終止符を打ち、新たなステージに挑戦することになる。

新潟アルビレックスBCとしてBCLでの通算成績は、1186試合、581勝514敗91分だった。

（文／岡田浩人）

夢を掴んだ男【ヤクルト5位指名】

内野手

伊藤 琉偉

RYUI ITO

2002年9月11日生まれ（21歳）／180cm・77kg／右投・右打／血液型不明／群馬県出身／1年目　選手歴：高崎市立矢中小（矢中ビクトリー）→同・矢中中（高崎中央ボーイズ）→東京農業大第二高→東京農業大（中退）

36

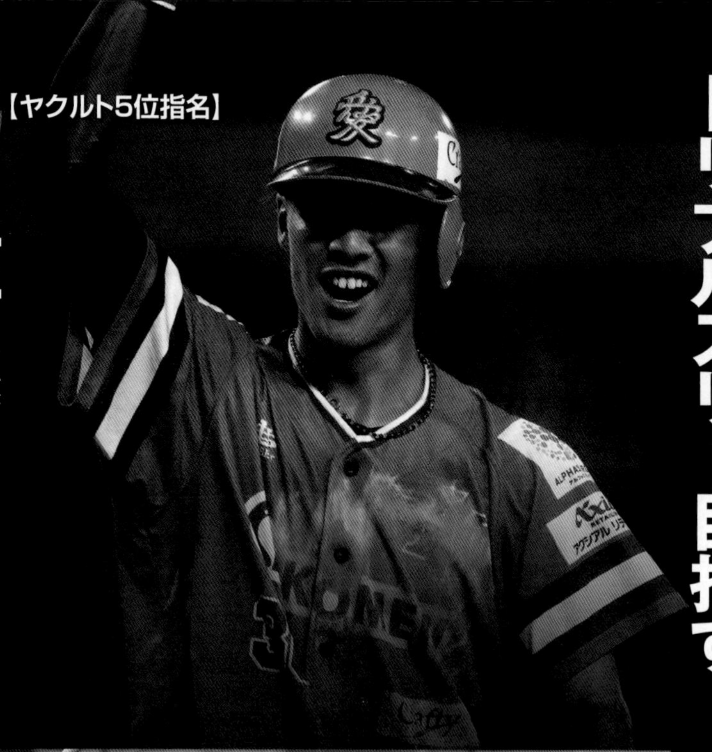

新潟で夢を掴んだ〝シンデレラボーイ〟走攻守で躍動、トリプルスリー目指す

10月26日のNPBドラフト会議で、東京ヤクルトスワローズから5位指名を受けた伊藤琉偉（りゅうい）。今季途中からの加入にもかかわらず、球際に強い守備と強肩、そして勝負強い打撃と俊足の持ち主という走攻守三拍子がそろった選手として、遊撃手のレギュラーの座を獲得し、試合でチームに勝利をもたらす大活躍を見せた。しかしドラフトの半年前には野球を続けられるかどうかもわからない、無名のプレーヤーだった。独立リーグから夢を掴んだ〝シンデレラボーイ〟の物語は始まったばかりである。

新潟で180度転換した伊藤の野球人生

ヤクルトから、新潟の球団史上最高順位となる「5位」での指名を受けた瞬間、沸き上がる周囲とは対称的に、伊藤はその現実を実感できないでいた。

「まさか支配下で自分の名前が呼ばれるとは思っていなかったので、すごくうれしかったです。自分の売りは守備と肩。走攻守そろった選手になれるよう、（ヤクルトの）山田哲人選手を目指して頑張りたい」

新潟に来てわずか半年で伊藤の野球人生は180度転換したと言っても過言ではない。

群馬県高崎市の出身。5歳のときに兄・麗夜さんの影響で地元の矢中ビクトリーで軟式野球を始めた。小学校時代は投手、捕手、内野手を経験し、中学では硬式の高崎中央ボーイズに所属した。

高校は地元の名門・東農大一高に進学し、1年夏から中軸を任されるほどの打撃を見せた。

「将来はプロ野球選手を目指していました。憧れの選手は走攻守で活躍している鈴木誠也選手（シカゴ・カブス）でした」

大きな夢を描いて臨んだ高校3年生の夏、想像もしていなかったことが世の中を襲った。新型コロナウイルス禍である。甲子園大会が中止になった。代替として開催された群馬県の独自大会でベスト8に進出したが、

選手メッセージ

49 投手

前川 哲 SATOSHI MAEKAWA

1996年5月15日生まれ（27歳）／180cm・81kg／血液型不明／右投・右打／新潟県柏崎市出身／7年目　経歴:柏崎市立大洲小→同・第三中→新潟産業大学附属高→新潟アルビレックスBC→日本製鉄広畑

2年半ぶりに新潟に復帰できたことが、すごく嬉しかったです。先発、中継ぎと様々な場面で登板させて頂き、独立リーグは素晴らしいと改めて確認できました。個人としては球速、結果など足りない事だらけですが、まだまだ成長できると信じて日々努力します。今季印象深い出来事は佐藤池野球場で勝利投手になった事です。もうこの年になって地元の球場で投げることは諦めていたのですが、タイミングや運なども重なり、また登板できて、勝利投手になったことは奇跡だと思いました。橋上監督と車内で話す機会があり、「もう少しコントロールなど投球全体をまとめていかないとダメだ」「逆にあれだけバラけていて抑えるのは能力だ」と激励の言葉まで頂き、まだまだ成長したいと思いました。野間口コーチには日々、フォームや意識、感覚などアドバイスをして頂いていて徐々に感覚も良くなっています。また新潟のサポーターの皆さんの前で投げる事ができてすごく嬉しく思います。毎日幸せな気分で野球をする事ができました。また球場で温かいお言葉をかけて頂きありがとうございました!

47 投手

髙橋 駿 SHUN TAKAHASHI

2002年6月13日生まれ（21歳）／166cm・64kg／A型／左投・左打／新潟県北蒲原郡聖籠町出身／3年目　経歴:聖籠町立山倉小（山小ストロングス）→同・聖籠中→東京学館新潟高

自分自身の野球人生で1番辛く、楽しくないと思っていたのが正直な気持ちです。
その中でも最後までなんとか諦めずにシーズンを終えられたことは良かったことだなと思い、うまくいかないことばかりでしたが精神的に成長できたシーズンでした。
橋上監督、野間口コーチ、トレーナーの方々からたくさんアドバイスを頂けたおかげで最後までなんとかやり遂げられたなと思います。
サポーターの皆様の差し入れやご声援があったおかげで1年間やり通すことができました。今後も球場やどこかで会いましたら、たくさんお話ししたいです!
3年間本当にありがとうございました。

56 捕手

奥田 昇大 SHODAI OKUDA

1997年6月27日生まれ（26歳）／171cm・80kg／A型／右投・右打／神奈川県出身／4年目　経歴:町田市立南第二小（町田リトル）→同・南成瀬中（町田シニア）→本庄第一高→立正大

レギュラーに定着することができず、出場機会は例年より少ないシーズンでしたが、バッテリーを組む機会が少ない投手に対応し、外野の守備も無難にこなせたと思います。そして、チームの結果も2年連続プレーオフという結果になり良かったと思いますが、その反面、昨年と同じ結果となってしまいとても悔しい思いもしました。1番印象に残った試合は、自分の野球人生最後の試合、9月9日プレーオフでの一戦で、代打の1打席でしたが四球を選び出塁することができました。打席に立たせて頂いた嬉しさと、4年間お世話になった新潟球団への感謝の気持ちが打席の中で込み上げました。試合には負けてしまいましたが、1番印象に残っています。4年目になり細かい指導などは特にはありませんでしたが、自分から打席の中での配球や捕手時の配球を橋上監督や野間口コーチにお聞きして色々と勉強になりました。佐藤池の試合も捕手として出場し、内田投手が好投をしてくれて、その後に逆転サヨナラ勝利を収めることができて、監督やコーチの配球が生かせた試合だと思います。皆様の温かいご声援のお陰で充実した新潟での野球生活でした。コロナ禍の中、皆様と接する機会が少ない試合が続きましたが、その中でも多くの方々に球場に来て頂き、そのご声援が原動力となっておりました。今シーズンをもって引退しますが、この球団で野球ができたことを誇りに思います。4年間熱いご声援ありがとうございました。

21 捕手

島崎 太一 TAICHI SHIMAZAKI

2000年12月5日生まれ（23歳）／174cm・81kg／血液型不明／右投・右打／東京都出身／1年目　経歴:都立府中西高→山梨学院大→甲府府中クラブ→高知ファイティングドッグス

今シーズン途中での移籍で、慣れない環境の中でどうやっていくか考えましたが、監督、コーチ、選手の皆さんから温かく迎えていただき、納得いく結果ではありませんが、自分を表現できたと思います。全てにおいて改善していくものが多くあるので、そこを見つめ直していきたいと思います。印象深い試合は、8月に行った信濃との3連戦です。どちらのチームも総動員で試合に臨み、今できるパフォーマンスを表現していた試合でした。移籍してすぐに橋上監督からバッティングの指導を受け、たった一つのアドバイスでしたが、そのアドバイスが安定したバッティングができるきっかけとなり、また試合の中での対応力や打席の中での思考をシンプルにするきっかけとなりました。今シーズン応援ありがとうございました。まだ移籍をして間もないですが、来季は多くのサポーターの皆様とコミュニケーションを取っていき、名前を覚えてもらえるよう頑張りますので、熱いご声援よろしくお願いします!

PLAYER'S MESSAGE

5
内野手

荒木 友斗 YUTO ARAKI

2003年1月18日生まれ(20歳)/176cm・87kg/B型/右投・右打/新潟県阿賀野市出身/3年目　経歴:阿賀野市立安野小(分田イーグルス)→同・水原中(新津・五泉・村松リトルシニア)→加茂暁星高

今シーズンを振り返ると良かった点はあまり無く、良くなかった点は、2022年序盤から肩を痛めていて、思うようなボールを投げることができずに2シーズンが終わってしまったことです。今思えば後悔しかない2シーズンになったと思っています。チームスローガンである『頂』を目標に戦っていく中で橋上監督には打撃・守備を、野間口コーチには自分が怪我で悩んでいる時に投げ方のアドバイスやトレーニング方法などを指導して頂き、とてもためになりました。印象に残っている試合は神奈川フューチャードリームス戦です。2打席連続ホームランを打ち乱打戦を勝ち切ることができたことが印象に残っています。サポーターの皆様、いつも熱いご声援ありがとうございました。プレーオフに出場することはできましたがリーグ覇者に勝つことができませんでした。3年間差し入れや温かいお声がけを頂き、自分にとってとても力になりました。本当にありがとうございました!

4
内野手

宮﨑 天斗 TENTO MIYAZAKI

2001年1月26日生まれ(22歳)/167cm・64kg/A型/右投・右打/京都府出身/1年目　経歴:久御山町立佐山小(久御山ライオンズ)→同・久御山中(京相楽硬式野球クラブ)→福井工業大附属福井高→日本福祉大

良かった点としては自分の持ち味を生かして取れるアウトをしっかり取ることができたことです。打撃でも、シーズン途中から体重も徐々に増え、バットを力強く振れるようになり、3割を残せたのが少し自信になりました。シーズンを通して大きな波がなかったことが1番良かった点だと思います。しかし、開幕時に思うようにできていなかったので来シーズンはスタートから力を発揮できるように準備していきたいです。また、シーズン後半に体力不足が見られたので1年間通して動ける身体作り、ケアの方法を考えていきたいです。思い出深い試合は初MVPを頂いた神奈川戦。守備でも打撃でもいいプレーを見せることができたので1番印象に残っている試合です。今季、橋上監督には打撃フォームを1から作り直して頂きました。以前よりボールをコンタクトする力をつけることができました。野間口コーチには送球が強くなるフォームや感覚を指導して頂きました。送球が安定し守備力の向上にもつながりました。サポーターの皆様、今シーズンたくさんの熱いご声援ありがとうございました。打席の中でも守備の時も声援が聞こえていつも以上の力を発揮することができました。来年も楽しんでもらえるように頑張りますので応援よろしくお願いします。

7
内野手

高 義博 YOSHIHIRO TAKA

2004年5月31日生まれ(19歳)/172cm・75kg/O型/右投・右打/広島県出身/1年目　経歴:呉市立川尻小(仁方Bソフトボール)→同・川尻中(呉昭和シニア)→関西創価高

高校を卒業し、この世界に飛び込んできて、レベルの違いを実感できたことが1番の経験になったと思います。ですがそのレベルの違いに圧倒されて、全く付いていくことができなかったのが、情けないと感じました。しかし橋上監督に「若い奴は元気出しく、若々しくプレーしろ」と言って頂き、それまで少し本当の白分を出し惜しみしていた部分があったのですが、吹っ切れて泥臭いがむしゃらな高義博が皆さんに見せられたかなと思います。今季、印象深い試合は巨人3軍戦の初戦です。打撃で結果が出ず、悩んでいるときに小池さんから、「一緒に練習しよう」と声を掛けて頂き、アドバイスを頂きました。「これだけ練習したんだから絶対打てる」と言って頂き、最終回に巡ってきた打席で初めて、外野の頭を越える二塁打を打つことができ、少しは恩返しができたかなと思います。どんな時でも、熱い応援をして頂き、ありがとうございました。声援が僕たちの力になったのは間違いないですし、もっと頑張ろうと思えたのもサポーターの皆様のおかげだと思います。来年も熱々な応援よろしくお願いいたします。

6
内野手

熊倉 凌 RYO KUMAKURA

1999年2月3日生まれ(24歳)/174cm・82kg/O型/右投・右打/新潟県糸魚川市出身/3年目　経歴:糸魚川市立糸魚川小(横町ドラゴンズ)→同・糸魚川中(糸魚川シニア)→成立学園高→関西国際大

今シーズンは、主に前半戦から打撃の調子が良く、選抜試合にも選出されるなど3年目にして一番状態が良かったです。オフシーズンに下半身強化という課題を持って取り組みをした成果だと思っています。しかし、夏に大幅に成績が落ちたことが一番の反省です。夏に強い選手が上の世界に行くと思うので、そこを課題としていきたいと思います。また橋上監督から肩乗せバッティングフォームを教わり、去年と比べて、断然に打率が上がりました。しかし、課題であるホームランを増やすということがまだ足りていないので、長打力を兼ね備えることに重点を置いて、トレーニングに取り組もうと思います。印象深い試合は美山球場での一戦。地元凱旋ということもあり、いつも以上の歓声があるなかで色んな思いを背負って試合をすることができました。また、チーム全員で勝利を掴み取り、ミキト君に良い報告ができたことが、一番心に残りました。来年はイースタンリーグに参戦し、チーム内の競争も激しくなると思うので、まずそこに勝ち切って、新たなシーズンを迎えようと思います。皆様、熱いご声援ありがとうございました。来年は変化の多い年になると思いますが、変わらずの熱い!熱い!ご声援を宜しくお願い致します。サポーターの方々に恩返しができるようなプレーを見せたいと思いますので、応援の程よろしくお願い致します。

選手メッセージ

0 外野手

阿部 裕二朗 YUJIRO ABE

2001年3月2日生まれ（22歳）／171cm・76kg／A型／左投・左打／新潟県新潟市東区出身／5年目　経歴：新潟市立東山の下小（NSジュニア）→同・藤見中（新潟ヤング）→北越高

今年はNPB挑戦へラストの年と決めて臨みました。その中で骨折もあり、成績を残すことができず、チームにも貢献できず、個人としては在籍5年間で一番苦しい1年となりました。怪我が完治してからも練習でうまくいかず、最後まで練習生という形で終えてしまいました。思うようにいくことは少なかったのですが、稲葉さんとタイミングの取り方など話し合い、その他にもたくさんの人に助けて頂き、ホーム最終戦での打席ではアウトになってしまいましたが5年間で一番良い打球が出せたと思います。印象に残っている試合は4月30日の今季初スタメンの試合。2安打2打点でチームの連敗ストップに貢献できたことです。いつでも試合に出られるように普段の練習から様々な人にサポートして頂いて準備してきた中でこのような結果を出せたことが印象に残っています。ご声援ありがとうございました。今季をもって引退することになりました。新潟アルビレックスBCでの5年間はものすごく詰まった時間でした。良い時も悪い時も声をかけて頂き、ものすごく励みになりました。感謝しかありません。本当にありがとうございました。

23 内野手

栗山 謙 KEN KURIYAMA

1998年4月24日生まれ（25歳）／169cm・78kg／A型／右投・右打／新潟県三条市出身／2年目　経歴：三条市立大崎小（大崎スポーツ少年団）→同・大崎中（三条シニア）→新潟明訓高→中央学院大

今年は多くの出場機会を頂き、振り返ると良い思い出がたくさんできた良い一年となりました。また多くのサポーターの皆様に『くりけん』と呼んでいただいたこと、とても嬉しくパワーを頂きました!!!橋上監督からは打席での考え方、走塁、守備、バッティングフォームなど様々な事を教えていただき、自分の財産になりました。また、日頃よりコミュニケーションを積極的にしてくださいました。野間口さんからは、今年もメンタル面での強化をしていただき、愛のあるいじりをいただきました。稲葉さんはとてつもない量のノックを打っていただき、遠征のバスの中ではたくさんバナナをいただきました。本当にお世話になった御三方です。改めて新潟アルビレックスBCで過ごした2年間はとても幸せな時間でした。シーズンを通して『くりけん』を浸透させていただきありがとうございました。また、多くの方々に声をかけていただきとても嬉しかったです。これからも見かけたら『くりけん』と呼んでください!!ありがとうございました。

9 外野手

小池 智也 TOMOYA KOIKE

1999年5月24日生まれ（24歳）／180cm・83kg／O型／右投・右打／大阪府出身／2年目　経歴：八尾市立南高安小（八尾ファイターズボーイズ）→同・南高安中（八尾フレンドボーイズ）→八戸学院光星高→法政大

今季を振り返り、良かった点は個人としては、長打を増やすことを目標に練習に取り組んできて、本塁打が1年目の3本から8本まで増やせたことは取り組んできた事が間違っていなかったなと感じました。チームとしては、確実に昨年より強くなっていると感じました。反省点は、昨年より体を大きくしたのですが、怪我が多くなってしまい、守備や走塁の部分でアピールできなかったのがとても悔しかった部分です。印象深かった試合は、6月5日悠久山での神奈川戦。7回に勝ち越しとなる満塁ホームランを打ったことを強く記憶している試合です。前の打者が敬遠され、回ってきた打席ですごく気持ちが入ったことを鮮明に覚えています。野球人生で初めて満塁ホームランを打ったので、とても嬉しかったです。橋上監督には1年目から的確なアドバイスを頂いて、年々成長していることを強く感じています。また、野間口コーチからは、なかなか結果が出ない時に、自主練習の際に動画を撮って下さったり、バッティングピッチャーなどをして下さったりしました。お二人のようにNPBで素晴らしい実績がある方から多くの事を学べる環境にとても感謝しています。今年も温かいご声援ありがとうございました。リーグ優勝、独立リーグ日本一には届きませんでしたが、皆様のご声援があったからこそ、自分達は最後までプレーする事ができたと思っています。これからもチームとしても個人としても応援して頂けるとありがたいです。今年一年、本当にありがとうございました。

3 外野手

佐藤 拓実 TAKUMI SATO

2001年9月17日生まれ（22歳）／184cm・93kg／A型／左投・左打／新潟県新潟市西区出身／2年目　経歴：新潟市立大野小（新潟中央リトル）→同・黒埼中（新潟シニア）→遊学館高→創価大（中退）

今季の良かった点は、中盤から後半にかけて安定してヒットを量産して去年の打率を上回れたことです。逆に反省点としては、ホームランや長打などを狙いすぎて力んでしまい、三振や凡打が多くなり、良いスタートを切れなかったことです。今季の印象深かった試合は、8月16日佐藤池の群馬戦です。9回裏ランナー2.3塁で打席が回ってきてホームランなら逆転サヨナラ、外野の間を抜けば同点の場面。今までの自分ならホームランを狙っていましたが、ヒットでつなぐ意識で打席に入り、結果を出せたことが1番良かったです。今季の総括は、シーズン序盤、なかなか自分の打ち方が決まらず、ヒットも出なくて悩んでいた時に、橋上監督からのアドバイスや指導、たくさんの先輩からのアドバイスもあってようやく自分の打ち方を見出すことができ、結果を残せたのでチームに少しは貢献できたと思います。サポーターの皆様のご支援、ご声援で何とか1年やり切ることが出来ました。2024年もどうか熱いご声援よろしくお願いします。

選手メッセージ

PLAYER'S MESSAGE

32 内野手

栗山 明 AKIRA KURIYAMA

2005年1月26日生まれ(18歳)/167cm·68kg/A型/右投·左打/新潟県三条市出身/1年目　経歴:三条市立大崎小(大崎スポーツ少年団)→同·大崎学園(三条シニア)→新潟産業大附属高

練習生として入団し選手契約はつかみ取れませんでしたが、それでもどうしたら上がれるのかを考えて先輩方や監督、コーチに技術面を聞きに行き、自分なりに努力しましたが、結果に表すことができませんでした。しかし努力することはとても大変だと改めて認識し、これからの人生その努力をどうやって結果に結びつけるかが課題になってくるので、まずは気持ちで負けないように頑張ります。橋上監督には常にバットを振れと言われてきました。自分は他の選手とは物凄く差がありましたが、それでも常に声を掛けて頂き、これまでよりも濃い野球をすることができました。野間口コーチには試合前の練習でほぼ毎回、バッティングピッチャーをして頂き、プロの現実を見るような威力のある球を投げて頂きました。シーズン終盤にやっと食らいつくことができて、自分の成長を体感できる場でもありました。秋季練習では稲葉さんと一緒に練習をすることで、打席での考え方や練習中の意識など選手として培われてきたものを肌で感じさせて頂き、感謝しております。練習生という立場の自分にいつも声をかけて頂き、ありがとうございました。短い期間でしたが、新潟のサポーターの皆様と関わることが出来て嬉しかったです!これからの人生で忘れることのない思い出になりました。一年間ありがとうございました。

29 外野手

佐藤 滉輔 KOSUKE SATO

1999年10月31日生まれ(24歳)/173cm·75kg/O型/左投·左打/新潟県長岡市出身/2年目　経歴:長岡市立四郎丸小(赤城ベースボールクラブ)→同·南中(長岡シニア)→新潟明訓高→獨協大(準硬式)

今季も昨季同様、練習生の期間が長かったのですが、野手として新たなチャレンジができたことは大きな点でした。反対に自分の実力不足を感じる点も多かったですが、長く野球を続けてきて最後の最後にまた違う世界を見ることができた私は幸せな時間を過ごせました。

印象深かった試合は間違いなくシーズン最終戦です。特別登録という形ではありましたが、サポーターの皆様の応援を背に人生で何回もお世話になった悠久山球場で二度も打席に立ったあの試合は一生忘れる事はないです。

2年間という短い時間でしたが、ご声援を頂き、誠にありがとうございました。地元新潟県で大きなチャレンジができた経験を胸に、新たなステージでも頑張って参ります。これからもオレンジの風が吹く事を期待します。

51 外野手

阿部 一心 KAZUMUNE ABE

1998年9月9日生まれ(25歳)/176cm·75kg/右投·左打/O型/大阪府出身/3年目　経歴:大阪市立放出小(城東コスモボーイズ)→同·放出中(西淀ボーイズ)→報徳学園高→立正大

シーズン全体を通して良かったことは、課題にしていた体重管理と、スイングスピードの維持ができ、数字的に落ちることがなかったことです。反省点は、足の怪我が多く、自身が思い描いていた盗塁数を残すことができなかったことです。印象に残っている試合は2試合あります。ソフトバンクファームとの一戦で決勝打を打って今シーズンホーム初勝利、そしてMVP、ホーム最終戦の信濃戦でここでも決勝打を放ってMVPに選出して頂いたことです!初球に対してのアプローチで、思い切りの良さや打ちにいく根拠や準備を橋上監督は常に強く仰っていて、その部分を上手く実践できたと思います。初球に対しての打率もコンタクト率も高く、特にチャンスでタイムリーになることが多くなったと感じています。今シーズンも熱く、温かみのある応援をありがとうございました。新潟に来て3年。皆様のおかげで充実した野球生活になりました。次は一サポーターとして球場に足を運ぶことが増えると思います。球場で声を掛けてもらえると一心喜びます!スルーされると一心悲しみます…ってことで、新潟めっちゃ好っきゃねん!また遊びにくるでぇ〜い!!

33 外野手

番場 勇翔 HAYATO BANBA

1999年9月11日生まれ(24歳)/179cm·80kg/B型/右投·左打/三重県出身/1年目　経歴:朝日町立朝日小(朝日ルーキーズ)→同·朝日中(四日市トップエース)→東邦高→名古屋学院大→信濃グランセローズ

良かった点は、新潟に入団できたことです。入団するにあたりお世話になった野間口コーチにはとても感謝しています。練習生から始まり、開幕前に選手契約を結ぶことができて、初の開幕スタメンを勝ち取ることができたことも嬉しかったです。多くの出場機会をいただき、去年より色々な経験を積むことができました。反省点は序盤、スタメンで出場する機会が多かったものの、後半は途中出場が多くなり、自分の実力の無さを改めて痛感するシーズンでした。橋上監督に、打席での考え方を教わり打撃が変わりました。昨年までは打席に向かう上での考えが少ししかありませんでしたが、橋上監督のご指導で考えの引き出しが増え、昨年より多くヒットを打つことができました。トータルで見ると良い成績を残すことはできませんでしたが、8月16日の群馬戦、人生で初めてサヨナラヒットを打つことができ、昨年の成績からすると成長することができました。サポーターの皆様には、昨年まで信濃でプレーしていた私を温かく迎え入れて下さり、感謝しています。決して野球が上手くはない私でしたが、シーズンを通してたくさんの応援、ご声援ありがとうございました。とても嬉しかったです。野球人生はここで終わりになりますが、最後を新潟でプレーできて本当に良かったです。またどこかで会いましょう!

マネージャー兼トレーナー

中村 勇人 HAYATO NAKAMURA

埼玉県出身
経歴:新座柳瀬高→群馬パース大→医療法人社団基延会にしあらい整形外科

まず、今季も専任スタッフが1人ということで、首脳陣の方々や藤原キャプテンを始めとする選手の皆さん、球団職員の皆さんに負担をかけることも多々ありましたが、皆さんの支えがあり、無事に1シーズンやり遂げることができたことに感謝しています。2023年シーズンは"頂"という目標をチームで達成するために自分自身がどのように貢献できるかを考えて取り組んだシーズンでした。その中でマネージャー業やトレーナー業に加え、データに関しても橋上監督や野間口コーチのアドバイスの下、昨年以上に取り組みました。選手が多く増えたことで業務量が増え、その上でやることをさらに増やすことは大変でしたし、しんどいなと思うこともありました。ですが、試合に勝つことや選手が活躍してくれることで、少しは貢献できているかなと感じられることができ、継続していくことができました。来季からは戦うステージが変わります。その舞台に立つために、池田社長を始めとする球団関係者の皆様、スポンサー各社様、NPB関係各社様、後援会の皆様、そしていつも支えてくださるサポーターの皆様、球団OBの皆様にこれまでたくさんのご尽力いただいたことを忘れず、チーム一同取り組んでいきます。そして、子どもたちの憧れの存在であったり、地域の皆様にとって欠かせない存在になれるよう、来季も精いっぱい戦っていきますので、ぜひ球場で共に戦って頂けたらと思います。今シーズンもありがとうございました。

2023年シーズン 試合結果

日程	ホーム	スコア	ビジター	球場	開始時間	試合時間	入場者数
4月8日(土)	信濃	3-2	新潟	オリスタ	13:16	3時間24分	555人
4月9日(日)	新潟	4-9	信濃	エコスタ	13:00	3時間53分	901人
4月13日(木)	新潟	7-5	ソフトバンク(三軍)	悠久山	13:00	3時間34分	329人
4月15日(土)	新潟	6-1	福島	悠久山	14:00	2時間36分	312人
4月16日(日)	福島	1-8	新潟	しらさわ	13:02	3時間04分	122人
4月22日(土)	新潟	4-10	信濃	悠久山	13:00	3時間36分	411人
4月23日(日)	新潟	2-7	信濃	悠久山	13:00	3時間14分	408人
4月28日(金)	群馬	8-4	新潟	城南	17:31	3時間25分	196人
4月29日(土)	群馬	6-2	新潟	城南	17:31	3時間38分	245人
4月30日(日)	新潟	6-2	福島	エコスタ	13:00	2時間51分	429人
5月3日(水)	新潟	11-5	信濃	高田	13:00	3時間50分	556人
5月4日(日)	信濃	5-4	新潟	ハイスタ松本	13:01	3時間24分	378人
5月5日(金)	福島	3-10	新潟	西会津	13:02	3時間04分	226人
5月6日(土)	群馬	8-11	新潟	城南	13:01	3時間25分	366人
5月7日(日)	新潟	-	群馬	ベーマガ		雨天中止	
5月13日(土)	新潟	6-3	栃木	エコスタ	13:02	3時間30分	1770人
5月14日(日)	新潟	3-6	栃木	パールスタジアム	13:00	3時間01分	714人
5月17日(水)	茨城	5-6	新潟	牛久	17:01	3時間25分	280人
5月18日(木)	茨城	1-10	新潟	牛久	17:00	3時間14分	259人
5月22日(月)	神奈川	3-7	新潟	相模原	14:15	2時間47分	218人
5月23日(火)	神奈川	-	新潟	中井		雨天中止	
5月26日(金)	新潟	6-4	茨城	悠久山	13:00	3時間07分	234人
5月27日(土)	新潟	1-0	埼玉西武(ファーム)	悠久山	13:00	2時間30分	1052人
5月28日(日)	新潟	8-2	神奈川	悠久山	13:01	2時間54分	612人
5月31日(水)	埼玉	5-1	新潟	熊谷	18:00	2時間40分	153人
6月1日(木)	埼玉	11-1	新潟	熊谷	18:00	3時間13分	127人
6月3日(土)	栃木	0-9	新潟	足利	13:01	2時間44分	1208人
6月4日(日)	栃木	17-10	新潟	佐野	13:00	4時間33分	465人
6月5日(月)	新潟	14-7	神奈川	悠久山	13:00	3時間42分	275人
6月10日(土)	福島	0-3	新潟	いいたて	13:01	2時間04分	105人
6月11日(日)	福島	-	新潟	西会津		雨天中止	
6月17日(土)	新潟	2-4	群馬	五泉	13:00	2時間40分	349人
6月18日(日)	群馬	9-0	新潟	城南	17:32	3時間10分	318人
6月23日(金)	新潟	2-9	巨人三軍	エコスタ	18:00	3時間08分	1570人
6月24日(土)	新潟	10-2	巨人三軍	エコスタ	15:00	2時間44分	1197人
6月25日(日)	新潟	5-5	巨人三軍	エコスタ	13:00	3時間14分	1288人
6月28日(水)	新潟	-	埼玉	悠久山		雨天中止	
7月1日(土)	新潟	-	群馬	佐藤池		雨天中止	
7月2日(日)	群馬	1-4	新潟	伊勢崎	13:00	3時間09分	315人
7月5日(水)	新潟	1-9	群馬	ベーマガ	18:00	3時間19分	245人
7月7日(金)	神奈川	11-15	新潟	中井	14:01	3時間50分	123人
7月8日(土)	福島	-	新潟	西会津		雨天中止	
7月9日(日)	新潟	6-4	福島	美山	14:00	3時間10分	347人
7月15日(土)	新潟	1-9	群馬	高田	13:00	3時間10分	504人
7月16日(日)	新潟	5-3	群馬	荒川	13:00	3時間06分	286人
7月20日(木)	新潟	5-1	福島	みどり森	18:00	2時間53分	209人
7月22日(土)	新潟	4-1	茨城	みどり森	15:00	2時間48分	429人
7月23日(日)	信濃	0-3	新潟	しんきん諏訪	13:02	2時間47分	332人
7月25日(火)	新潟	3-2	福島	五十公野	18:00	2時間47分	202人
7月26日(水)	新潟	8-4	群馬	五十公野	18:00	3時間58分	283人
7月27日(木)	群馬	3-4	新潟	前橋市民	17:32	3時間51分	472人
7月29日(土)	福島	6-12	新潟	西会津	13:00	3時間23分	257人
7月30日(日)	福島	11-3	新潟	鶴沼	13:01	2時間53分	233人
8月1日(火)	新潟	9-1	埼玉	悠久山	13:00	2時間38分	177人
8月3日(土)	群馬	1-12	新潟	城南	17:30	2時間29分	227人
8月6日(日)	新潟	6-5	群馬	佐藤池	13:00	3時間29分	408人
8月9日(水)	新潟	3-1	埼玉	パールスタジアム	18:00	3時間16分	269人
8月11日(金)	新潟	6-9	信濃	五泉	13:00	4時間23分	232人
8月12日(土)	信濃	7-6	新潟	上田	13:01	3時間04分	256人
8月13日(日)	新潟	5-9	信濃	エコスタ	18:00	3時間58分	1275人
8月16日(水)	新潟	6-5	群馬	佐藤池	13:00	2時間59分	228人
8月18日(金)	福島	9-5	新潟	しらさわ	13:01	2時間51分	110人
8月19日(土)	新潟	4-2	福島	悠久山	13:00	3時間00分	625人
8月20日(日)	信濃	7-1	新潟	ハイスタ松本	13:02	3時間00分	272人
8月25日(金)	福島	1-0	新潟	しらさわ	13:00	2時間19分	68人
8月26日(土)	信濃	6-8	新潟	長野県営	13:00	3時間39分	312人
8月27日(日)	新潟	16-5	福島	見附	13:00	2時間41分	460人
9月2日(土)	新潟	1-0	信濃	悠久山	13:00	2時間59分	786人
9月3日(日)	信濃	3-2	新潟	中野	13:01	3時間31分	398人

2023年シーズン 順位表

▶ 北地区

順位	チーム名	試合数	勝	敗	分	勝率	ゲーム差
1	信濃	63	48	15	0	.762	優勝
2	新潟	63	38	24	1	.613	9.5
3	群馬	63	27	36	0	.429	11.5
4	福島	63	24	38	1	.387	2.5

▶ 南地区

順位	チーム名	試合数	勝	敗	分	勝率	ゲーム差
1	埼玉	65	33	29	3	.532	優勝
2	栃木	65	31	32	2	.492	2.5
3	神奈川	64	25	35	4	.417	4.5
4	茨城	66	22	43	1	.338	5.6

	対福島			対群馬			対新潟			対信濃			対茨城			対栃木			対埼玉			対神奈川			対巨人			対ソフトバンク			対西武			対DeNA		
チーム名	勝	負	分	勝	負	分	勝	負	分	勝	負	分	勝	負	分	勝	負	分	勝	負	分	勝	負	分	勝	負	分	勝	負	分	勝	負	分	勝	負	分
福島	—	—	—	6	8	0	3	11	0	5	9	0	2	2	0	4	0	0	3	1	0	2	2	0	1	2	0	0	1	0	1	0	0	—	—	—
群馬	8	6	0	—	—	—	6	8	0	3	11	0	1	3	0	1	3	0	1	3	0	3	0	1	0	3	0	1	0	0	0	1	0	—	—	—
新潟	11	3	0	8	6	0	—	—	—	4	10	0	4	0	0	2	2	0	2	2	0	4	0	0	1	1	1	1	0	0	1	0	0	—	—	—
信濃	9	5	0	11	3	0	10	4	0	—	—	—	4	0	0	2	2	0	3	1	0	3	0	0	3	0	0	1	0	0	1	0	0	—	—	—
茨城	2	2	0	3	1	0	0	4	0	0	4	0	—	—	—	2	12	0	7	7	0	8	6	0	0	5	0	0	1	0	0	0	1	0	1	0
栃木	0	4	0	3	1	0	2	2	0	2	2	0	12	2	0	—	—	—	4	10	0	4	9	1	4	0	1	0	0	0	0	1	0	0	1	0
埼玉	1	3	0	3	1	0	2	2	0	1	3	0	7	7	0	10	4	0	—	—	—	7	6	1	1	2	1	1	0	0	0	0	1	0	1	0
神奈川	2	2	0	0	3	1	0	4	0	0	4	0	6	8	0	9	4	1	6	7	1	—	—	—	2	1	0	0	1	0	0	0	1	0	1	0

ルートインBCリーグ2023プレーオフ結果

地区チャンピオンシップ(北地区)

信濃グランセローズ (優勝) VS 新潟アルビレックスBC (2位)

信濃が2勝0敗

※地区優勝球団に1勝のアドバンテージ

地区チャンピオンシップ(南地区)

埼玉武蔵ヒートベアーズ (優勝) VS 栃木ゴールデンブレーブス (2位)

埼玉が2勝0敗

※地区優勝球団に1勝のアドバンテージ

BCLチャンピオンシップ

埼玉武蔵ヒートベアーズ (南地区優勝) VS 信濃グランセローズ (北地区優勝)

埼玉が3勝1敗1分

日本独立リーググランドチャンピオンシップ2023結果

準々決勝

石狩レッドフェニックス (北海道フロンティアL代表) VS 愛媛マンダリンパイレーツ (開催県代表)

4−1で愛媛が勝利

準決勝

愛媛マンダリンパイレーツ (開催県代表) VS 火の国サラマンダーズ (ヤマエグループ 九州アジアL代表)

2−9で火の国が勝利

決勝

火の国サラマンダーズ (ヤマエグループ 九州アジアL代表) VS 埼玉武蔵ヒートベアーズ (ルートインBCL代表)

6−1で火の国が勝利(火の国が優勝)

準々決勝

徳島インディゴソックス (四国IL代表) VS 富山GRNサンダーバーズ (日本海L代表)

9−6で徳島が勝利

準決勝

埼玉武蔵ヒートベアーズ (ルートインBCL代表) VS 徳島インディゴソックス (四国IL代表)

6−3で埼玉武蔵が勝利

2023年シーズン 投手・打撃成績表

▶ チーム投手成績

チーム名	防御率	試合	勝	敗	S	完投	投球回数	被安打	被本打	奪三振	与四球	与死球	失点	自責	暴投	ボーク	失策
福島	4.50	63	27	36	12	7	530 1/3	621	43	373	203	41	333	265	32	1	9
群馬	4.59	63	24	38	10	6	535	613	41	362	203	42	337	273	39	7	8
新潟	4.45	63	38	24	17	1	544	561	34	467	208	58	302	269	15	3	5
信濃	3.29	63	48	15	16	6	553 1/3	556	41	515	169	32	238	202	33	1	5
茨城	4.83	66	22	43	8	4	562 1/3	594	35	486	325	49	392	302	72	3	13
栃木	4.07	65	31	32	11	1	564	595	48	423	255	33	331	255	45	4	8
埼玉	3.92	65	33	29	12	3	564 1/3	564	33	432	220	35	322	246	52	4	6
神奈川	4.73	64	25	35	10	0	550	573	40	438	350	51	351	289	50	6	8

▶ チーム打撃成績

チーム名	打率	試合	打数	得点	安打	二打	三打	本打	打点	三振	四球	死球	犠打	犠飛	盗塁	失策	併殺
福島	.264	63	2024	256	535	66	19	36	228	426	169	46	54	15	54	70	61
群馬	.274	63	2068	305	566	75	18	35	262	466	212	47	46	14	80	56	42
新潟	.287	63	2110	349	605	104	22	33	318	362	246	43	39	18	66	50	42
信濃	.298	63	2119	376	631	102	19	47	343	369	258	43	68	27	62	39	39
茨城	.259	66	2172	274	562	91	18	35	250	493	180	42	27	17	87	101	31
栃木	.268	65	2156	351	578	84	22	34	322	400	278	47	58	23	120	72	33
埼玉	.267	65	2120	330	567	78	12	45	289	507	312	49	52	23	48	77	60
神奈川	.255	64	2089	310	533	80	16	36	284	454	250	38	52	26	42	55	39

▶ 個人投手成績

背番号	選手名	防御率	試合	勝	敗	S	完投	投球回数	打者	球数	被安打	被本打	奪三振	与四球	与死球	失点	自責	暴投	ボーク	失策
11	上村 知輝	3.18	38	2	1	14	0	39 2/3	163	629	31	5	40	9	4	15	14	1	0	0
12	下川 隼佑	2.38	26	11	1	0	1	106	434	1681	96	4	103	19	15	34	28	0	1	0
13	八神 辰大	20.25	8	0	1	0	0	9 1/3	64	265	11	1	6	22	6	22	21	1	0	0
14	内田 健太	4.39	36	2	3	0	0	41	180	728	42	4	32	17	3	22	20	2	1	0
15	木口 広大	18.00	2	1	1	0	0	3	18	62	5	1	2	3	1	6	6	0	0	0
16	深澤 史遠	6.14	17	4	3	0	0	55 2/3	267	1034	77	5	40	25	2	43	38	2	0	1
17	鈴木 颯人	5.63	18	3	6	0	0	64	295	1107	85	5	47	29	1	47	40	3	0	2
18	吉田 一将	4.74	38	3	3	1	0	38	156	626	33	2	53	7	1	21	20	0	0	0
19	山田 将生	1.05	7	2	0	0	0	34 1/3	127	499	15	1	25	11	3	4	4	0	0	0
20	小林 駿	4.29	22	3	1	0	0	35 2/3	156	669	33	0	38	21	1	19	17	1	0	0
21	岩鼻 勇輝	5.79	4	1	0	0	0	4 2/3	24	102	8	0	2	3	0	3	3	0	0	0
25	西村 陸	1.74	33	4	0	2	0	41 1/3	162	638	31	1	24	6	5	10	8	0	0	0
28	田村 颯瀬	0.90	7	0	0	0	0	10	43	160	7	1	8	4	1	2	1	0	0	0
30	舘池 亮佑	18.00	2	0	0	0	0	1	8	25	4	0	0	1	1	4	2	0	0	0
34	原田 健太	13.97	8	0	1	0	0	9 2/3	57	200	24	2	8	3	2	16	15	0	0	0
47	髙橋 駿	11.37	11	0	0	0	0	6 1/3	35	129	10	1	4	5	4	8	8	1	0	1
49	ラッツキー	6.05	9	0	2	0	0	19 1/3	99	381	26	0	18	13	4	14	13	2	0	1
49	前川 哲	3.96	11	2	1	0	0	25	112	438	23	1	17	10	4	12	11	2	1	0

▶ 個人打撃成績

背番号	選手名	ポジション	打率	試合	打数	得点	安打	二打	三打	本打	打点	三振	四球	死球	犠打	犠飛	盗塁	失策	併殺
21	島崎 太一	捕手	.500	6	4	0	2	0	0	0	0	1	0	0	0	0	0	0	0
24	片山 悠	捕手	.244	63	225	22	55	9	1	2	33	47	15	3	3	2	1	4	1
27	斎藤 優乃	捕手	.000	4	4	0	0	0	0	0	0	1	1	0	0	0	0	0	1
56	奥田 昇大	捕手	.270	30	74	5	20	2	0	0	3	10	7	2	3	0	1	0	3
2	稲葉 大樹	内野手	.195	28	41	3	8	1	1	0	4	4	5	2	0	0	0	0	1
4	宮崎 天斗	内野手	.305	52	151	24	46	10	0	0	15	23	13	4	2	1	2	3	8
5	荒木 友斗	内野手	.173	22	52	6	9	3	0	3	6	10	3	0	2	1	0	1	1
6	熊倉 凌	内野手	.289	58	190	36	55	8	1	2	32	25	28	12	5	3	1	2	3
7	高 義博	内野手	.220	50	59	18	13	2	0	1	8	15	9	3	1	0	5	4	2
8	藤原 大智	内野手	.339	44	174	40	59	8	0	2	22	18	26	2	2	0	15	4	0
23	栗山 謙	内野手	.234	45	111	17	26	6	0	0	15	17	13	2	6	0	1	5	4
36	伊藤 琉偉	内野手	.336	41	149	22	50	8	2	4	32	31	9	1	4	3	7	6	3
42	熊谷 航	内野手	.301	20	83	15	25	5	1	1	11	13	7	0	0	0	1	3	2
0	阿部 裕二朗	外野手	.214	10	14	2	3	1	0	0	3	4	1	0	1	0	0	0	0
3	佐藤 拓実	外野手	.264	54	129	24	34	10	2	3	16	41	10	2	0	1	0	5	1
9	小池 智也	外野手	.301	54	196	31	59	9	0	8	44	25	27	1	0	2	3	3	4
29	佐藤 滉輔	外野手	.000	1	1	0	0	0	0	0	0	0	0	0	0	0	0	0	0
33	番場 勇翔	外野手	.256	49	133	22	34	4	2	1	19	27	25	2	1	1	0	3	6
51	阿部 一心	外野手	.303	44	122	21	37	4	7	0	14	15	13	7	7	0	6	3	1
55	篠田 大聖	外野手	.354	55	198	41	70	14	5	6	41	35	34	0	2	4	23	4	1

2023年シーズン 投手成績ランキング｜4部門｜

｜防御率ベスト10｜

順位	選手名	チーム名	防御率
1	根岸 涼	茨城	2.18
2	福井 優也	福島	2.28
3	下川 隼佑	新潟	2.38
4	佐藤 由規	埼玉	2.44
5	翠尾 透	群馬	2.58
6	鈴木 俊輔	信濃	2.74
7	荒西 祐大	信濃	2.85
8	小野寺 賢人	埼玉	2.92
9	薗 雄斗	群馬	2.97
10	長尾 光	埼玉	3.03

｜勝利数ベスト5｜

順位	選手名	チーム名	勝利
1	牧野 憲伸	信濃	12
2	下川 隼佑	新潟	11
2	鈴木 俊輔	信濃	11
4	福井 優也	福島	10
4	小野寺 賢人	埼玉	10

｜奪三振ベスト5｜

順位	選手名	チーム名	奪三振
1	小野寺 賢人	埼玉	114
2	鈴木 駿輔	信濃	113
3	牧野 憲伸	信濃	105
4	下川 隼佑	新潟	103
5	福井 優也	福島	91

｜セーブ数ベスト5｜

順位	選手名	チーム名	セーブ
1	足立 真彦	信濃	14
1	上村 知輝	新潟	14
3	入江 空	栃木	11
4	植田 涼太	神奈川	10
5	金子 蓮	福島	9

2023年シーズン 打撃成績ランキング｜4部門｜

｜打率ベスト10｜

順位	選手名	チーム名	打率
1	佐藤 優悟	福島	.388
2	篠田 大聖	新潟	.354
3	大川 陽大	信濃	.350
4	土田 佳武	茨城	.349
5	大泉 周也	福島	.349
6	藤原 大智	新潟	.339
7	永澤 蓮士	信濃	.333
8	柿崎 颯馬	神奈川	.330
9	片山 博視	埼玉	.329
10	古屋 旺星	信濃	.326

｜本塁打ベスト5｜

順位	選手名	チーム名	本打
1	大泉 周也	福島	16
2	大川 陽大	信濃	13
2	三浦 ジェス	信濃	13
4	小西 慶治	信濃	12
5	井野口 祐介	群馬	11

｜打点ベスト5｜

順位	選手名	チーム名	打点
1	大川 陽大	信濃	60
2	小西 慶治	信濃	54
2	石川 慧亮	栃木	54
2	石垣 杜心	茨城	54
5	大泉 周也	福島	52

｜盗塁ベスト5｜

順位	選手名	チーム名	盗塁
1	奥村 光一	群馬	33
2	尾田 剛樹	栃木	32
3	上田 政宗	茨城	30
4	古屋 旺星	信濃	29
5	佐々木 斗夢	栃木	25

2023年シーズン MVP・ベストナイン

▶ 月間MVP｜投手・野手｜

		選手名	チーム名	成績			
4月度	北地区（投手）	深澤 史遠	新潟	4試合2勝	投球回14	防御率1.29	奪三振13
	北地区（野手）	佐藤 優悟	福島	打率.475（40打数19安打）		本塁打2	打点10　盗塁7
	南地区（投手）	西澤 宙良	栃木	2試合2勝	投球回12	防御率1.50	奪三振5
	南地区（野手）	金子 功児	埼玉	打率.500（32打数16安打）		本塁打0	打点4　盗塁1
5月度	北地区（投手）	鈴木 駿輔	信濃	4試合4勝 完投1	投球回29 1/3	防御率2.15	奪三振24
	北地区（野手）	小池 智也	新潟	打率.429（49打数21安打）		本塁打3	打点15　盗塁1
	南地区（投手）	西澤 宙良	栃木	4試合3勝1敗	投球回24	防御率0.75	奪三振14
	南地区（野手）	土田 佳武	茨城	打率.393（56打数22安打）		本塁打0	打点7　盗塁6
6月度	北地区（投手）	牧野 憲伸	信濃	3試合3勝 完投1	投球回22	防御率0.41	奪三振29
	北地区（野手）	大泉 周也	福島	打率.448（29打数13安打）		本塁打4	打点14　盗塁1
	南地区（投手）	石井 涼	神奈川	3試合3勝	投球回23	防御率1.57	奪三振19
	南地区（野手）	石川 慧亮	栃木	打率.345（55打数19安打）		本塁打1	打点19　盗塁4
7月度	北地区（投手）	鈴木 駿輔	信濃	4試合3勝1敗 完投1	投球回28 1/3	防御率0.95	奪三振24
	北地区（野手）	大川 陽大	信濃	打率.444（54打数24安打）		本塁打1	打点16　盗塁0
	南地区（投手）	吉川 光夫	栃木	3試合3勝	投球回17	防御率2.12	奪三振7
	南地区（野手）	片山 博視	埼玉	打率.455（44打数20安打）		本塁打1	打点7　盗塁0
8.9月度	北地区（投手）	薗 雄斗	群馬	7試合2勝 完投1	投球回25 2/3	防御率1.05	奪三振20
	北地区（野手）	伊藤 琉偉	新潟	打率.397（63打数25安打）		本塁打2	打点18　盗塁3
	南地区（投手）	小野寺 賢人	埼玉	5試合2勝 1S	投球回27	防御率1.67	奪三振31
	南地区（野手）	片山 博視	埼玉	打率.385（39打数15安打）		本塁打3	打点11　盗塁3

▶ シーズンMVP｜投手・野手｜

ポジション	選手名	チーム名	成績		
投手	小野寺 賢人	埼玉	21試合	10勝2敗1S　完投3　投球回129 2/3	防御率2.92　奪三振114
野手	大川 陽大	信濃	63試合	打率.350（220打数77安打）	本塁打13　打点60　盗塁0

▶ ベストナイン

ポジション	選手名	チーム名
投手	牧野 憲伸	信濃
捕手	町田 隼乙	埼玉
一塁手	石垣 杜心	茨城
二塁手	柿崎 颯馬	神奈川
三塁手	石川 慧亮	栃木

ポジション	選手名	チーム名
遊撃手	永澤 蓮士	信濃
外野手	奥村 光一	群馬
外野手	篠田 大聖	新潟
外野手	尾田 剛樹	栃木
指名打者	大泉 周也	福島

2023年シーズン規定投球回・規定打席

［規定投球回］ 規定投球回は、所属球団の試合数×0.8回とする。

［規定打席］ 規定打席は、所属球団の試合数×2.7打席とする。

2023年シーズン
ルートインBCリーグ運営体制報告

●参加球団数:全8球団

●2地区制:北地区・南地区

【北地区】 福島レッドホープス(福島県)　群馬ダイヤモンドペガサス(群馬県)
新潟アルビレックスBC(新潟県)　信濃グランセローズ(長野県)

【南地区】 茨城アストロプラネッツ(茨城県)　栃木ゴールデンブレーブス(栃木県)
埼玉武蔵ヒートベアーズ(埼玉県)　神奈川フューチャードリームス(神奈川県)

●通期制

●開催期間
- ●BCリーグ公式戦　2023年04月08日(土)～09月03日(日)
- ●地区CS・リーグCS　2023年09月09日(土)～09月26日(火)
- ●日本独立Lグランドcs　2023年09月29日(金)～10月01日(日)

ROUTE INN
BCL
加盟球団

●公式戦開催試合数
- ●予定:284試合
  - 北地区63試合【ホーム34試合・ビジター29試合】
  - 南地区66試合【ホーム37試合・ビジター29試合】
- ●結果:280試合
  - 福島±0試合・群馬±0試合・新潟±0試合・信濃±0試合
  - 茨城±0試合・栃木－1試合・埼玉－1試合・神奈川－2試合

●プレーオフ
- ●地区チャンピオンシップ
  - 北地区:1位・信濃と2位・新潟が対戦→信濃グランセローズが優勝
  - 南地区:1位・埼玉と2位・栃木が対戦→埼玉武蔵ヒートベアーズが優勝
- ●BCリーグチャンピオンシップ
  - 北地区優勝・信濃と南地区優勝・埼玉が対戦→埼玉武蔵ヒートベアーズが優勝
- ●日本独立リーググランドチャンピオンシップ2023(坊っちゃんスタジアム)
  - 徳島インディゴソックス(四国アイランドリーグplus優勝)
  - 埼玉武蔵ヒートベアーズ(ルートインBCリーグ優勝)
  - 火の国サラマンダーズ(ヤマエグループ 九州アジアリーグ優勝)
  - 石狩レッドフェニックス(北海道フロンティアリーグ優勝)
  - 富山GRNサンダーバーズ(日本海リーグ優勝)
  - 愛媛マンダリンパイレーツ(開催県枠)
  - →上記6チームにて開催し、火の国サラマンダーズが優勝(独立リーグ日本一)

2023年シーズン
ホームゲーム開催報告

新潟県内各地での公式戦開催路線を継続しました。公式戦34試合を12球場で開催しました。

エコスタ(新潟市)⑦　悠久山(長岡市)⑪　パールスタジアム(三条市)②　みどり森(新潟市)②　五十公野(新発田市)②　五泉(五泉市)②
佐藤池(柏崎市)②　高田(上越市)②　荒川(村上市)①　見附(見附市)①　ベーマガ(南魚沼市)①　美山(糸魚川市)①

2023年シーズンも熱いご声援、誠にありがとうございました。
サポーターの皆様に心より感謝申し上げます。

合計19,372人／34試合(昨シーズン=19,136人／33試合)　平均570人(昨シーズン=580人)

※新潟アルビレックスBCは、日本独立リーグにおいて、過去17シーズンで通算9回の平均入場者数No.1を達成しています。

ルートインBCリーグ公式戦 ナミックスプレゼンツゲーム
VS信濃グランセローズ

4/9 日

HARD OFF ECOスタジアム新潟
13:00試合開始

●4-9　入場者数901人

オフィシャルスポンサーであるナミックス様のプレゼンツゲーム。スペシャルゲスト・真中満さんにお越し頂いてトークショーを実施し、始球式も務めて頂きました。

ルートインBCリーグ公式戦 コメリサンクスデー
VS栃木ゴールデンブレーブス

5/13 土

HARD OFF ECOスタジアム新潟
13:00試合開始

○6-3　入場者数1,770人

スペシャルゲストとして、宮本慎也さん、ギャオス内藤さん、NGT48·真下華穂さんにお越し頂きました。オリジナルクリアファイルのプレゼントや5回終了後のプレゼント抽選会等のイベントを実施しました。

ルートインBCリーグ公式戦 2023復興支援ゲーム
VS読売ジャイアンツ(三軍)

6/23 金

HARD OFF ECOスタジアム新潟
18:00試合開始

●2-9　入場者数1,570人

駒田徳広監督率いる読売ジャイアンツ(三軍)との交流戦。多くのサポーターの皆様にご来場頂きました。惜しくも敗れましたが、翌日以降につながるゲームとなりました。

ルートインBCリーグ公式戦 クラフティサンクスデー
VS読売ジャイアンツ(三軍)

6/24 土

HARD OFF ECOスタジアム新潟
15:00試合開始

○10-2　入場者数1,197人

ユニフォームスポンサーであるクラフティ様のサンクスデー。約1,200人のサポーターの皆様にお越し頂いた中、下川投手が好投。見事大勝を飾ることができました。

ルートインBCリーグ公式戦 アルファスグループプレゼンツゲーム
VS読売ジャイアンツ(三軍)

6/25 日

HARD OFF ECOスタジアム新潟
13:00試合開始

△5-5　入場者数1,288人

ユニフォームスポンサーであるアルファスグループ様のプレゼンツゲーム。約1,300人のサポーターの皆様にお越し頂いた中、8回裏に追い付き、引き分けに持ち込みました。

ルートインBCリーグ公式戦 新潟日報サンクスデー
VS信濃グランセローズ

9/2 土

長岡市悠久山野球場
13:00試合開始

○1-0　入場者数786人

スペシャルゲストとして、野球日本代表「侍ジャパン」U-12監督の井端弘和さん、ギャオス内藤さんにお越し頂き、トークショーやプレゼント企画を実施しました。

中継の様子

数多くのプロ野球中継を実況されてきた元NHKアナウンサー齋藤洋一郎氏に多くの実況を今シーズンもご担当いただきました。特に今年は終盤の信濃との首位攻防戦では手に汗握るゲームが多く、齋藤氏もこれまで以上に熱が入った実況をされておりました。今季はWBC優勝や高校野球での盛り上がりなども多く中継内で取り上げておりました。ゲストの皆様との共演の際は、今季も視聴者の皆様が聞きたい!気になる!ことを中継内でインタビューしていただきました。真中氏からはヤクルト監督時代の裏話や現役時代の橋上監督との思い出話などお話しいただきました。井端氏からは2013WBC台湾戦のお話や、中日時代のお話、U-12日本代表での指導についてお話しいただきました。中村氏はチャットでのコメントを中継内で紹介し、皆様と中継内でコミュニケーションをとりながら身近に感じるアットホームな放送をしていただきました。昨季以上に応援が本来の形となり、熱気が放送室まで届きチームと中継スタッフも一緒に今シーズンを闘いました!

クラフティ中継スタッフコメント

【南雲亮氏】

思えば配信当初の2020年は緊急事態宣言の真っただ中、無観客のグラウンドやスタジアムでは、選手たちのプレーをする音が大きく響く特殊な環境の中での配信から始まりました。緊急事態宣言も徐々に緩和されサポーターの皆さまも客席で応援できるようになり、そんな中「いつも配信見ているよ!」「撮影してくれてありがとう」というサポーターの皆さんの言葉や配信のコメントが何より撮影の励みとなりました。2023年は声出し応援もできるようになり、それに応えるような選手たちの熱いプレーを撮影することができて、最高のシーズンを終えることが出来ました。そしていよいよ来年は「イースタン・リーグ」参加でさらに盛り上がっていく新生「オイシックス新潟アルビレックスBC」!観客席やご自宅で思いっきり応援し、選手・スタッフ・サポーターの皆で最高のシーズンを更新していきましょう!

【中野凌氏】

アルビBCの皆様、今シーズンお疲れ様でした!配信をさせていただきながら、いつも楽しく試合をみております!2023シーズンは声出し応援も解禁となり、活気ある盛り上がった試合ばかりでした。選手の皆様と一緒に熱い気持ちを持って試合に臨み、われわれは配信という形で、今季もBCリーグに携わることができ大変嬉しく思います!そして来年からの「イースタン・リーグ」参加でさらに飛躍する姿を、これからも全力で応援します!アルビBC最高!!

【佐藤亜美氏】

2023シーズン、お疲れ様でした!今シーズンから声出し応援が再開され、配信部屋からでも感じられる程の熱気に圧倒され、毎試合楽しく配信ができました!ありがとうございました!!来シーズンから「イースタン・リーグ」への参加が決まり、さらなる活動に少しでもお力になれるよう、配信という形で一緒に盛り上げていきたいと思います!

【岡部武瑠氏】

オイシックス新潟アルビレックスBCの皆様2023シーズンお疲れ様でした!早いもので中継の配信に携わらせて頂いて4年目になりました。今シーズンは新型ウイルスも落ち着き、お客様の動員も多く盛り上がりのある試合ばかりでした。毎試合素晴らしいプレーをする選手の皆様に感動させていただきました。またその姿を配信することができて大変嬉しく思います。ありがとうございました。来年からは「イースタン・リーグ」参加ということで今まで以上に熱いシーズンになると思います!さらにご活躍するオイシックス新潟アルビレックスBCを応援します!

ご視聴いただいた皆様、インターネット中継の実施に際し、ご協力いただいた株式会社クラフティの皆様、実況、解説の皆様、大変ありがとうございました。

2023シーズンの振り返りはこちらからご覧いただけます。

株式会社クラフティ様は新潟アルビレックスBCのユニフォームスポンサーです。

クラフティPRESENTS

アルビBCライブ

2023年シーズンは、4月8日に開幕し、9日にホーム開幕戦を迎えることになりました。今シーズンは2年連続のプレーオフ進出はもちろん、信濃との首位攻防戦がデッドヒートし、昨年以上に見応えのあるゲームをクラフティ様に配信いただきました。また、南地区との交流戦では圧倒的な勝ち星を飾り、信濃とは終盤まで首位争いを繰り広げました。勝ち試合も増え、選手のMVPインタビューなども多く皆様にお届けすることができました。

今シーズンも様々なご事情で試合観戦ができないサポーター、野球ファンの皆様に選手の全力プレーをお届けするために、株式会社クラフティ様の全面協力の下、インターネット中継を実施いたしました。

インターネット中継概要

4月9日（日）のホーム開幕戦から、新潟アルビレックスBCホームゲーム全34試合の中継を実施しました。

配信はYouTubeライブと応援.TVのプラットフォームで実施し、元NHKアナウンサーの齋藤洋一郎氏や球団MCとしてもご活躍の中村博和氏、元新潟放送アナウンサーの星野一弘氏、新潟野球ドットコムの岡田浩人氏、元新潟アルビレックスBC投手の中西啓太による解説など、本格的なプロ野球中継を実現しました。

本番までの設営（一日の流れ）

●朝（試合開始の約5時間前）

球場に到着し、荷物の搬入。その後コード関係を各位置（内野、外野ともに）に配置します。球場によっては前日から回線の手配をすることもあります。

●放送ブースの設営

機材の搬入後は配信に向けてそれぞれの機材をセッティングしていきます。精密機械ばかりのため、スタッフの皆様も一つ一つ慎重に取り扱います。

●配信テスト

映像のチェックをはじめ、カメラマンさんとの連携などインカムを使いながら最終チェックをします。打合せ、リハーサルは試合開始の約1時間前に行われ、音声や映像のチェックも行われます。打合せでは、齋藤氏よりこういう画が欲しい、今日はこうしていこう!など入念に試合に向けた話し合いを行います。Live中継ということもあり、失敗は許されない緊張感のなか中継をして頂いております。

●プレイボール!!

放送ブースでは常に指示が飛び交っております。映像のスイッチングはまさにこのブースで行われております。カメラマンに対して欲しい映像の指示出しもします。また映像内のテロップや選手のプロフィール出しなどもこの放送ブースで全て行われております。ゲスト解説者がいる際は、放送ブースより別カメラを回したり、MVP選手の表彰の際はベンチから撮影していただくなど、視聴者の見たい画をお撮りいただいております。

実況　齋藤洋一郎氏（元NHKアナウンサー）
中村博和氏（新潟アルビレックスBCスタジアムMC）
星野一弘氏（元新潟放送アナウンサー）
解説　岡田浩人氏（新潟野球ドットコム）
ギャオス内藤氏（ギャンバサダー）
村山哲二氏（ルートインBCリーグ代表）
中西啓太（元新潟アルビレックスBC投手）
2023年シーズンホームゲームゲスト
捧雄一郎氏（株式会社コメリ 代表取締役社長）
真中満氏（元東京ヤクルトスワローズ監督）
柏倉悠起奈氏（開志学園高校女子硬式野球部部長）
井端弘和氏（野球日本代表「侍ジャパン」U-12監督（9月2日時点））

2024年シーズンの新戦力を一足早くご紹介!

3 内野手

田中 俊太
SHUNTA TANAKA

●1993年8月18日生まれ（30歳）●178cm・82kg●右投・左打●神奈川県出身●東海大学相模高→東海大→日立製作所→巨人→DeNA

6 内野手

永澤 蓮士
RENJI NAGASAWA

●1997年8月1日生まれ（26歳）●174cm・78kg●右投・右打●鹿児島県出身●枕崎高→日本福祉大→千曲川硬式野球クラブ→信濃

25 内野手

小西 慶治
KEIJI KONISHI

●1998年4月25日生まれ（25歳）●180cm・87kg●右投・右打●愛知県出身●東邦高→駒澤大→信濃

32 内野手

伴在 汰文
TAMON BANZAI

●2001年7月19日生まれ（22歳）●183cm・91kg●右投・左打●長野県出身●松商学園高→日本大

36 内野手

園部 佳太
KEITA SONOBE

●1999年8月24日生まれ（24歳）●177cm・93kg●右投・右打●福島県出身●いわき光洋高→専修大（中退）→福島→オリックス

56 内野手

山田 龍青
RYUSEI YAMADA

●2005年11月18日生まれ（18歳）●176cm・75kg●右投・右打●新潟県上越市出身●関根学園高

9 外野手

髙山 俊
SHUN TAKAYAMA

●1993年4月18日生まれ（30歳）●181cm・87kg●右投・左打●千葉県出身●日本大学第三高→明治大→阪神

24 外野手

知念 大成
TAISEI CHINEN

●2000年4月27日生まれ（23歳）●181cm・75kg●左投・左打●沖縄県出身●沖縄尚学高→沖縄電力

37 外野手

中山 翔太
SHOTA NAKAYAMA

●1996年9月22日生まれ（27歳）●185cm・95kg●右投・右打●大阪府出身●履正社高→法政大→ヤクルト→火の国

44 外野手

比嘉 天佑
TENYU HIGA

●2001年6月15日生まれ（22歳）●185cm・100kg●右投・左打●沖縄県出身●滋賀学園高→日本大

52 外野手

松尾 翔二朗
SHOJIRO MATSUO

●2002年7月5日生まれ（21歳）●175cm・80kg●右投・右打●福岡県出身●東筑紫学園高→沖データコンピュータ教育学院

New Force Introduction

※年齢は2023年12月25日現在

2024年シーズン 新戦力紹介

17 投手

三上 朋也
TOMOYA MIKAMI

●1989年4月10日生まれ（34歳）●190cm・90kg●右投・右打●岐阜県出身●県立岐阜商業高→法政大→JX-ENEOS→DeNA→巨人

19 投手

小林 慶祐
KEISUKE KOBAYASHI

●1992年11月2日生まれ（31歳）●188cm・91kg●右投・右打●千葉県出身●八千代松陰高→東京情報大→日本生命→オリックス→阪神

21 投手

牧野 憲伸
KENSHIN MAKINO

●1999年9月19日生まれ（24歳）●180cm・83kg●左投・左打●北海道出身●白樺学園高→富士大→信濃

23 投手

薮田 和樹
KAZUKI YABUTA

●1992年8月7日生まれ（31歳）●188cm・84kg●右投・右打●広島県出身●岡山理科大学附属高→亜細亜大→広島

26 投手

目黒 宏也
KOYA MEGURO

●2001年11月6日生まれ（22歳）●175cm・75kg●左投・左打●新潟県長岡市出身●長岡商業高→新潟医療福祉大

28 投手

飯田 大翔
YAMATO IIDA

●1999年7月28日生まれ（24歳）●180cm・87kg●右投・右打●長崎県出身●長崎海星高→セガサミー

29 投手

山田 拓朗
TAKURO YAMADA

●2001年7月24日生まれ（22歳）●179cm・90kg●右投・右打●神奈川県出身●川越東高→筑波大

30 投手

能登 嵩都
SHUTO NOTO

●2001年9月29日生まれ（22歳）●183cm・85kg●右投・右打●北海道出身●旭川大学高→桐蔭横浜大

31 投手

安城 健汰
KENTA AJIRO

●2001年11月3日生まれ（22歳）●180cm・78kg●右投・右打●新潟県新潟市西区出身●日本文理高→創価大

34 投手

伊禮 海斗
KAITO IREI

●2001年6月8日生まれ（22歳）●176cm・79kg●左投・左打●神奈川県出身●桐蔭学園高→桐蔭横浜大

54 投手

田中 択磨
TAKUMA TANAKA

●2001年9月18日生まれ（22歳）●178cm・83kg●右投・右打●大阪府出身●聖カタリナ学園高→大阪体育大

12 捕手

谷本 智
SATOSHI TANIMOTO

●2001年7月26日生まれ（22歳）●164cm・65kg●右投・右打●山口県出身●下関国際高→神奈川工科大

2024年の新首脳陣、左から野間口コーチ、池田社長、橋上監督、武田コーチ。このほかに野手コーチを選任中

NPB経験者7人含む 精鋭23人の新人が入団 いざファーム・リーグ戦へ

2024年、新たなステージに立つオイシックス新潟アルビレックスBCに新戦力の入団が続々と決まった。その顔ぶれを見て、心躍らせるサポーター、そして新潟の野球ファンも多かったに違いない。12月8日、そして18日に行われた「新入団選手発表記者会見」の模様を、「首脳陣発表記者会見」と併せて誌上で再現する。

新入団選手の発表記者会見と併せて、12月8日に新潟市のハードオフ・エコスタジアムの会議室で行われた。

橋上監督は「さらなる高いレベルの試合が想定される中、戦力アップを考えてこういう編成になった。イースタンのレベルも把握している。皆に期待しているし、なくてはならないパーツになる。結集して戦いたい」と意気込んだ。その上で、「勝つことが大前提。勝つことと個人の能力を引き出すことが基本になる」と選手の力を引き出し、勝利を求める考えを示した。

池田拓史社長は「もう数名の選手と交渉中」と明かし、NPB経験者や外国人を含めた入団の可能性を示唆した。

以下、新人選手23人が会見等で語った来季の目標や意気込み、新潟の印象、アピールポイントなどを紹介する(カッコ内は前所属)。

【投手】

●小林慶祐(阪神)

来年また野球ができるという『感謝』の気持ちをしっかり持って全力でプレーさせていただく。新潟の印象は寒いというのが第一だが、新潟にかかわらず全国の野球ファンから応援される選手になりたい。まだまだ人間としても成長できると思う。

●藪田和樹(広島)

広島で9年間プレーした経験と誇りをこれからは自信と自覚に変えて、一生懸命野球に向き合ってチームの勝利に貢献したい。来季目標は『TEAM TOP』と書かせていただいた。まだまだ現役でできる。NPBに一番近い道と思い新潟を選んだ。経験してきたことを後輩に教えられる立場。そういう姿勢もNPB復帰につながると思う。(新潟の第一印象は)寒い。夏は暑いと聞いている。サポーターに球場に足を運んでいただき、熱い球団にしていきたい。

●三上朋也(巨人・会見欠席)

アルビレックスのチームカラーであるオレンジとブルーは私が今まで所属してきた高校、大学、社会人、NPB、海外のチームカラーと同じでとても縁を感じる。イースタン・リーグに新規参加するタイミングでオファーをいただき、とても感謝している。新潟を野球で盛り上げる力になりたい(球団を通したコメント)。

●牧野憲伸(信濃)

来季は『挑戦』という言葉を選んだ。レベルもより一層上がる。チャレンジャーとして一試合一試合全力で頑張る。ファーム・リーグ参加でレベルが高いところでやりたかった。(23年のBCL最多勝だが)最多勝を意識せず、新たな気持ちで一から頑張りたい。(新潟の印象は)2年間試合をして、球場に駆け付けてくれるサポーターが多く、熱い人たちという印象が強い。

●安城健汰(創価大・新潟市西区出身)

(『感謝』の文字を掲げ)来季の目標は応援してくれる人、支えてくれる人に勇気や感動を与えるプレーをしたい。(特長は)どの球種でもストライクゾーンで勝負できること。新潟県の方は皆温かいという印象。たくさん球場に足を運んでいただきたい。

●飯田大翔(セガサミー)

目標は『大きく翔く』。社会人時代は大きな成績も残せず、オイシックスでは大きく翔ける活躍をしたい。(強みは)真っ直ぐと変化球のコンビネーションや間を使った投球が得意。新潟県はあまり来たことがない街なので、サポーターから応援してもらえるような選手になりたい。

23人中21人が出席した新入団選手の会見

●**伊禮海斗**（桐蔭横浜大）
（『最多勝』を掲げ）来季はチャレンジャー精神を持って頑張りたい。（特長は）力感のないフォームから球速以上に感じる真っ直ぐと変化球で打ち取ること。新潟の印象は長岡の花火大会が有名だが、まだ見たことがないので一度は見てみたい。サポーターの皆様には投げっぷりのいい自分の投球を球場で見ていただきたい。

●**田中択磨**（大阪体育大）
（『雑草魂』を掲げ）来季は若手らしく、パワフルに元気よく、一年間プレーしたい。（強みは）強い真っ直ぐでどんどん追い込んでいくところ。新潟の印象はやっぱりご飯や料理が美味しいこと。一人でも多くのサポーターから試合を見に来ていただけるように頑張りたい。

●**能登嵩都**（桐蔭横浜大）
目標は『天下無双』。誰にも負けないような最強のピッチャーになってチームに貢献できるように頑張りたい。自分の持ち味は角度のある直球と変化球の緩急。新潟の印象はお米が有名。自分はご飯をいっぱい食べるので嬉しい。サポーターの皆さんには顔と名前を覚えてもらい、応援してもらえるような選手になりたい。

●**目黒宏也**（新潟医療福祉大・長岡市出身）
『新潟への恩返し』と書いた。支えてくださった新潟県の皆さんのために全力でプレーしたい。特長は球の出所が見えづらいフォームからの変化球と直球のコンビネーション。新潟の印象はラーメン、海鮮、お米、いろいろな美味しいご飯があり、自然が豊かだということ。サポーターの皆さんには野球からどんどん新潟県を盛り上げていきたいと思っているので、球場に足を運んでいただきたい。

薮田和樹は「TEAM TOP」を掲げ、NPB復帰を誓った

●山田拓朗（筑波大）
目標は『破』。学生野球からカテゴリーが変わる。技術、体力、精神面の壁を破って、今年破ることができなかったNPBの壁を破っていきたい。持ち味は力強いストレート。新潟県は高校1年生の時のスキー実習で一度来たことがあり、いい思い出。サポーターの皆さんには自分を推してもらって後悔させないような選手になりたい。

【捕手】
●谷本智（神奈川工科大）
目標は『勝てる捕手』。投手から信頼され、体は小さいが、大きな選手に負けないように頑張りたい。自分の強みは捕手としての守備の技術とリードや配球。新潟の印象はとても寒かったが、朝ご飯が美味しかった。サポーターの皆さんには小さい選手を見かけたら谷本と覚えてほしい。

【内野手】
●田中俊太（DeNA）
来季の気持ちは『一念通天』。強い覚悟を持って取り組む。このチームでプレーして皆さんに楽しんでもらえる野球をしたい。（新潟の印象は）巨人時代にこの球場で何度か試合をして、おにぎりがすごく美味しかった。ご飯が好きで、オイシックス様のスポンサードを受け、サポートしてもらえるのはありがたい。プレーでしっかり返したい。

●園部佳太（オリックス）
来季は『顔晴る（がんばる）』と心の中で決めた。オリックスでは厳しかったが、この新潟の地で、笑顔で一年間頑張れるようにと願いを込めた。NPB復帰を目指して頑張りたい。（新潟の印象は）BC福島時代に2年間で60試合近く試合をして、何度もこの球場でも試合をした。サポーターの皆さんに『新潟の園部』を応援してもらいたい。

●小西慶治（信濃）
『信頼される選手』という言葉を書いた。一年目ということで首脳陣、チームメイト、サポーターから信頼されるように頑張る。（新潟の印象は）サポーターが平日の試合でも来場数が多い。一試合でも多く喜ばれる試合をしたい。

●永澤蓮士（信濃）
来季の目標は『越（こえる）』という文字を選んだ。レベルの高い選手たちと試合をするが、いろいろな壁が出てくると思う。それを越える気持ちで自分を昂らせて、新潟の地を熱くしたい。（新潟の印象は）久しぶりに海を感じる風を受けた。熱いサポーターと戦っていきたい。

●伴在汰文（日本大）
目標は『一生懸命』。学生時代に学んだ何事も一生懸命やるということを、常に意識して頑張りたい。強みはフルスイング。新潟県の印象はお米が有名。長野県出身なので中学時代から新潟に来て試合をしたことがあり、温かい場所だと思っていた。全力プレーで一生懸命頑張りたい。

●山田龍青（関根学園高・上越市出身）
来季の目標は『泥臭くプレーする』。18歳らしく元気に泥臭く頑張りたい。新潟で生まれ育ったので、新潟を盛り上げたいという気持ちでチームを選んだ。DeNAから来た田中俊太選手に守備のことを聞きたい。自分の強みはスピード感のある守備。新潟県の印象ははご飯が美味しいこと。サポーターの皆さんに応援され、愛されるような選手になりたい。

【外野手】
●中山翔太（火の国）
来季の目標は『情熱』。情熱を持ってひとつひとつのプレーを、責任感を持って取り組みたい。まだまだ未熟だが、新潟の地で成長して一回りも二回りも大きくなりたい。今季NPBに戻るという目標は叶わなかったが、新潟に入団できるのであきらめずに頑張りたい。まずはチームの勝利に貢献すること。その次に自分のNPB復帰という目標がある。（新潟の印象は）道路が真っ直ぐ（笑）。

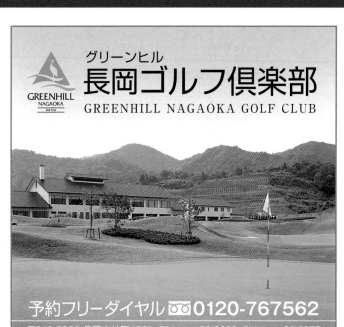

手を抜くことなく全力プレーがモットーなので見てもらいたい。

●知念大成（沖縄電力）
目標は『究極』。来季、自分の持っている力を最大限に出して、自分の究極というものを超えて、チームにひとつでも多く貢献できるよう、そして野球を通して新潟県を熱く盛り上げていけるよう頑張りたい。自分の強みは走攻守の身体能力に自信がある。新潟県は自然豊かで空気がきれい。昨日、沖縄から初めて新潟に来たが、半袖でジロジロ見られた（笑）。沖縄県出身という味を出して、新潟を盛り上げていけたら。

●比嘉天佑（日本大）
来季の目標は『楽しむ』。この高いレベルの中で野球をさせていただくことに感謝し、自分の大好きな野球を楽しみたい。自分の強みはパワーがあること。新潟県の印象はお米が美味しいので、たくさん食べて、もっともっとパワーをつけたい。しっかり応援していただける選手になりたい。

●松尾翔二朗（沖データコンピュータ教育学院）
来季の目標は『雲外蒼天』。暗闇の中にも努力を続ければ必ず光は見えると思い、苦しい時もあると思うが、自分を信じて努力して必ず結果を出せるように頑張りたい。自分の強みはパンチ力のある打撃とスローイング。ピンチでもスローイングで流れを持ってきたい。新潟県のイメージは花火大会がすごいと聞き、一度は行ってみたい。声援を力に変えて頑張りたい。

また、前阪神の高山俊外野手は12月18日に入団記者会見を開き、来季オイシックスで戦う意気込みを語った。

【外野手】

●高山俊（阪神）
『初心』という言葉を書かせていただいた。新しい挑戦を球団とともにやっていく立場。一からやっていきたい。戦力外になってから一番初めに声を掛けていただいた。ありがたい言葉をいただいた。心が救われ、気持ちに火がついた。イースタン・リーグに参加するということで、NPB選手と対戦し、実力を上げてNPBに戻れるようにしたい。姿勢やプレーはもちろん、新潟の野球少年に身近にプロ野球を見ていただきたい。子どもたちのために全力プレーを見せたい。（新潟の印象は）野球熱が高い。応援してよかったと思われる選手、チームになりたい。

通算5季目の橋上体制 新投手コーチに武田勝氏が加わり 新体制でファーム・リーグに挑む

12月8日の記者会見では2024年の首脳陣体制も発表された。

橋上秀樹監督が引き続き指揮官として来季もチームを率いる。野間口貴彦コーチが今季までと同じようにチーム強化アドバイザー兼投手コーチとして引き続き指導にあたるほか、元日本ハム投手の武田勝氏が新たに投手コーチに就任することが決まった。武田氏は11年間、日本ハムでプレーし、その後、コーチやBC石川の監督などを歴任した。

池田社長は武田新コーチについて「経験豊富で、いろいろなカテゴリーの野球をよくご存知の方。野間口コーチといい指導をしていただきたい」と期待を寄せた。

来季が新潟で通算5季目となる橋上監督は「新たな試みの初年度に監督をやらせていただくことを光栄に思うとともに責任の重さも感じている。メディアの皆さんから発信しがいのあるような戦いをしたい」と意気込みを示した。

また留任する野間口チーム強化アドバイザー兼投手コーチは「来季からはまた違った形で野球をすることになる。武田コーチと一緒に選手をサポートし、一人でも多く、上の舞台に上がる選手を成長させていけたら」と語った。

武田新投手コーチは「去年は1年間ユニフォームを脱ぎ、また着させてもらえるチャンスをいただけた。なるべくサポートできるよう、選手たちがNPB入りできるよう、自分が経験した現役時代、コーチ時代の話を含め選手とコミュニケーションを取りながら全うしたい」と選手育成に力を注ぐ考えを示した。

池田社長は今後、「バッテリーコーチ、野手・走塁コーチの最低2名以上と契約できるよう交渉中」と話し、2024年の指導体制を固めるため、引き続き調整していることを明かしている。

（取材・文／岡田浩人）

色紙に「初心」と記した髙山俊

オイシックス新潟アルビレックスBC 野球塾

野球を通じてこころと身体の成長を

夢への第一歩を新潟アルビレックスBCから!

無料体験受付中
お問い合わせ
☎025-250-5539
(平日9:00〜18:00)

新潟アルビレックス・ベースボール・クラブ野球塾は通年制の野球スクールです。子どもの発育発達に合わせ、野球の基本技術を無理なく、楽しく学べるよう独自のプログラムに基づき指導を進めていきます。

小学1年生から6年生までの子どもを3つのクラスに分け、楽しみながら野球の基本技術を学べるよう、段階的に指導していきます。野球の上達には「好き・楽しい」と感じながら練習していくことが大切です。

子どもたちの「できた!」という喜びを大切にし、野球の基本技術を楽しみながら段階的に習得していく『新潟アルビレックスBCプログラム』を皆さんも体験してみてください!

年間を通じた段階的・体系的な指導	ひとりひとりのレベルに合わせた指導	新潟アルビレックスBCのスタッフによる指導

▶ 野球塾コーチ

専属コーチ　山口 祥吾(立花学園高—千葉ロッテマリーンズ育成—新潟アルビレックスBC)
中西 啓太(星林高—帝塚山大—新潟アルビレックスBC)
斉藤 雄太(市立船橋高—国際武道大)

巡回コーチ　新潟アルビレックスBC選手・コーチ

▶ 開催曜日・会場

三条校	月	三条パール金属スタジアム屋内練習場
新潟校	火・木	HARD OFF ECOスタジアム新潟 屋内練習場
長岡校	水	長岡リトルシニア屋内練習場

▶ クラス別タイムスケジュール(新潟校の場合)

プレクラス	小 1・2年生	17:10〜18:10
レギュラークラス	小 3・4年生	18:00〜19:20
ステップクラス	小 5・6年生	19:10〜20:30

※上記内容は2023年12月現在の内容です。年度により変更になる場合がございます。

asics sound mind, sound body

アシックスジャパン㈱ご協力のもと、年2回(半年に1回)【投・打・走・力】約4種の測定を行っています。現時点での自分自身の力、成長を実際に可視化できるようにしています。

野球塾情報はこちらから >>>

新潟アルビレックスBC野球塾　検索

「球団公式SNS」でも野球塾の様子を投稿しています!

X(旧Twitter)　Facebook　Instagram　YouTube

新潟アルビレックスBC ドリームフェスタ

ドリームフェスタバナー

ドリームフェスタ開催中は、ドリームフェスタのバナーをグラウンドのフェンスに掲載しています。

監督・コーチ・選手による愛情ノック

監督・コーチ・選手の愛情ノック！選手も皆さんと一緒にノックに参加します！

第1回 2023年 6月25日(日) HARD OFF ECOスタジアム新潟

第2回 2023年 8月6日(日) 柏崎市佐藤池野球場

第3回 2023年 9月2日(土) 長岡市悠久山野球場

BCリーグ公式戦終了後、新潟アルビレックスBCの選手たちと野球アトラクションを実施（1時間程度）

- 監督・コーチ・選手による愛情ノック
- 選手とキャッチボール
- バッティング

ドリームフェスタは、新潟アルビレックス・ベースボール・クラブとの交流を通じて、野球やスポーツに興味持っていただき、新潟県の地域活性化を目指しています。公式戦終了後に監督・コーチ・選手と野球アトラクションをしながら、サポーターの方々と楽しく交流をしています。選手と一緒に楽しく色んなアトラクションを体験してみよう！ 皆様是非ご参加下さい！ どなたでも参加できます！

選手とキャッチボール

いろんな選手と
キャッチボールしてみよう！

バッティング

たくさん打って、たくさん飛ばそう！
選手がビックリするような
打球をかっ飛ばせ！

主催：新潟県　協力：㈱新潟アルビレックス・ベースボール・クラブ

新潟アルビレックス・ベースボール・クラブ　2023年シーズン　オフィシャルスポンサー

KOMERI ／ 新潟日報 ／ Crafty ／ ALPHAS GROUP アルファスグループ ／ NSGグループ

Axial RETAILING アクシアル リテイリング ／ 渡辺ドライ ／ 富寿し ／ 喜笑 ／ NAMICS ナミックス株式会社 ／ Coca-Cola コカ・コーラボトラーズジャパン株式会社

クワトロレンタカー ／ MORII GROUP ／ FUJIFILM Value from Innovation ／ UPSET ／ High quality WATANABE ／ 日本エコロジー株式会社

新潟クボタ ／ 頑張れ、新潟アルビレックスBC! 頑張れ、受験生! 新潟県統一模試 ／ 新潟綜合警備保障 ／ とちお油揚げ 栃尾豆庵 ／ NIIGATA TOYO

アーネスト ／ 新発田ガスグループ ／ 松沢商会 ／ HottoMotto ほっともっと ／ Sun 株式会社サンメディカル ／ TM共同法律事務所 ／ ATAGO CORPORATION ／ Yakult

CAPTAIN STAG ／ コンディショニングサポートカンパニー 綿久 ／ PRINCE Niigata 日産プリンス新潟 ／ 株式会社シーキューブ https://www.ccube.co.jp/ ／ 三條機械製作所 ／ 越後高田 平八蒲鉾 ／ SEKI 関整骨院 ／ 地域創造カンパニー グローカルマーケティング株式会社

株式会社 渡辺製作所 ／ 今泉テント株式会社 IMAIZUMI TENT CORPORATION ／ dlp 株式会社 第一印刷所 ／ 宮下電設 MIYASITA ELECTRIC CONSTRUCTION ／ 和田商会グループ ／ NISSEI SERVICE 日精サービス ／ ふるさとの味、越後の香り 田中屋本店

新潟アルビレックス BC はチームネーミングライツ方式を導入し、オイシックス・ラ・大地株式会社様とチームネーミングライツ契約を締結。
2023 年 11 月 1 日より、球団名が「オイシックス新潟アルビレックス BC」となりました。

チームネーミングライツスポンサー　*Oisix ra daichi*

オイシックス新潟アルビレックスBC は、持続可能な地域社会を創るために、
社会性と公益性を柱とする球団運営を通じて、SDGsを推進して参ります。

SUSTAINABLE DEVELOPMENT GOALS

11月22日に開催された NPB オーナー会議において、2024 年シーズンからのイースタン・リーグへの新規参加についてご承認を頂きました。
オイシックス新潟アルビレックス BC は、経営理念である「“ふるさとのプロ野球”による地方創生」をさらに推進して参ります。

お問い合わせ

株式会社新潟アルビレックス・ベースボール・クラブ
TEL：025-250-5539　【営業時間 / 平日 9:00 ～ 18:00】
〒950-0932　新潟県新潟市中央区長潟 570 番地　HARD OFF ECOスタジアム新潟内
球団公式 HP　https://www.niigata-albirex-bc.jp/

NIIGATA ALBIREX BASEBALL CLUB

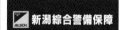

ROUTE INN BCL NPB選手輩出実績

■NPBドラフト会議指名選手一覧

入団年度	氏名	出身球団	ポジション	入団先	
2007	内村　賢介	石川	内野手	楽天	育成1位
2008	野原　祐也	富山	外野手	阪神	育成1位
	鈴江　彬	信濃	投手	ロッテ	育成2位
	柳川　洋平	福井	投手	ソフトバンク	育成3位
2009	前田　祐二	福井	投手	オリックス	4位
	髙田　周平	信濃	投手	阪神	育成1位
	星野　真澄	信濃	投手	巨人	育成1位
2010	加藤　貴大	富山	投手	楽天	育成1位
2011	廣神　聖哉	群馬	捕手	阪神	育成1位
	清水　貴之	群馬	投手	ソフトバンク	育成4位
	雨宮　敬	新潟	投手	巨人	育成5位
	渡辺　貴洋	新潟	投手	巨人	育成6位
2012	森本　将太	福井	投手	オリックス	5位
	八木　健史	群馬	捕手	ソフトバンク	育成1位
	原　大輝	信濃	捕手	オリックス	育成1位
	西川　拓喜	福井	外野手	オリックス	育成2位
2013	柴田　健斗	信濃	投手	オリックス	7位
2014	中村　恵吾	富山	投手	ソフトバンク	育成8位
2015	小林　大誠	埼玉	捕手	巨人	育成2位
	三ツ間卓也	埼玉	投手	中日	育成3位
	田島　洸成	埼玉	内野手	巨人	育成4位
	大竹　秀義	埼玉	投手	巨人	育成5位
	矢島　陽平	埼玉	投手	巨人	育成7位
	長谷川　潤	石川	投手	巨人	育成8位
2016	大村　孟	石川	捕手	ヤクルト	育成1位
	安江　嘉純	石川	投手	ロッテ	育成1位
	笠井　崇正	信濃	投手	DeNA	育成1位
	髙井　俊	新潟	投手	巨人	育成1位
	坂本　一將	石川	内野手	オリックス	育成4位
2017	寺田　光輝	石川	投手	DeNA	6位
	寺岡　寛治	石川	投手	楽天	7位
	沼田　拓巳	石川	投手	ヤクルト	8位
	山本　祐大	滋賀	捕手	DeNA	9位
	和田康士朗	富山	外野手	ロッテ	育成1位
	渡邉　雄大	新潟	投手	ソフトバンク	育成6位
2018	湯浅　京己	富山	投手	阪神	6位
	知野　直人	新潟	内野手	DeNA	6位
	片山　雄哉	福井	捕手	阪神	育成1位
	海老原一佳	富山	外野手	日本ハム	育成1位
	内山　太嗣	栃木	捕手	ヤクルト	育成1位
	松本　友	福井	内野手	ヤクルト	育成2位
2019	松岡　洸希	埼玉	投手	西武	3位
	加藤　壮太	埼玉	外野手	巨人	育成2位
	樋口龍之介	新潟	内野手	日本ハム	育成2位
	長谷川凌汰	新潟	投手	日本ハム	育成3位
	松山　真之	富山	投手	オリックス	育成8位
2020	石田　駿	栃木	投手	楽天	育成1位
	小沼　健太	茨城	投手	ロッテ	育成2位
	赤羽　由紘	信濃	内野手	ヤクルト	育成2位
	松井　聖	信濃	捕手	ヤクルト	育成3位
	古長　拓	福島	内野手	オリックス	育成6位
2021	岩田　幸宏	信濃	外野手	ヤクルト	育成1位
	山中　尭之	茨城	外野手	オリックス	育成1位
	園部　佳太	福島	内野手	オリックス	育成2位
	速水　将大	富山	内野手	ロッテ	育成2位
	髙田　竜星	石川	投手	巨人	育成2位
	速水　隆成	群馬	捕手	日本ハム	育成2位
	大橋　武尊	茨城	外野手	DeNA	育成3位
2022	西濱　勇星	群馬	投手	オリックス	育成1位
	樋口　正修	埼玉	内野手	中日	育成3位
	渡辺　明貴	茨城	投手	DeNA	育成4位
	山本　晃大	信濃	投手	日本ハム	育成4位
2023	伊藤　琉偉	新潟	内野手	ヤクルト	5位
	土生　翔太	茨城	投手	中日	5位
	日渡　騰輝	茨城	捕手	中日	育成1位
	大泉　周也	福島	外野手	ソフトバンク	育成1位
	尾田　剛樹	栃木	外野手	中日	育成3位
	芦田　丈飛	埼玉	投手	オリックス	育成4位
	金子　功児	埼玉	内野手	西武	育成4位
	奥村　光一	群馬	外野手	西武	育成6位

■NPB移籍選手一覧

入団年度	氏名	出身球団	ポジション	入団先
2010	カラバイヨ	群馬	外野手	オリックス
	ザラテ	群馬	投手	阪神育成
2011	正田　樹	新潟	投手	ヤクルト
2012	ハモンド	石川	投手	オリックス
2013	カーター	石川	外野手	西武
2014	小林　宏之	信濃	投手	西武
2015	カラバイヨ	群馬	外野手	オリックス
	デニング	新潟	外野手	ヤクルト
	ネルソン・ペレス	石川	外野手	阪神
	チャベス	群馬	外野手	オリックス
	ペク	埼玉	投手	ロッテ
	カルロス・ペレス	福島	投手	巨人育成
2016	シリアコ	石川	内野手	DeNA
	ジョージ	新潟	内野手	オリックス育成
	三家　和真	石川	外野手	ロッテ
2017	コラレス	富山	投手	楽天
	バリオス	富山	投手	DeNA
2018	ペゲロ	富山	外野手	ロッテ
	ヒース	富山	投手	西武
	岩本　輝	福井	投手	オリックス
	古村　徹	富山	投手	DeNA
2019	フローレス	富山	投手	ロッテ育成
2020	サントス	富山	外野手	ロッテ育成
2021	アルバレス	茨城	外野手	ソフトバンク
	ダニエル	栃木	投手	巨人育成
	バルガス	茨城	投手	オリックス
2023	ハンソン	茨城	内野手	日本ハム
	フェリペ	福島	捕手	ヤクルト育成

NPBで奮闘する

BCLで4年、NPBで6年の“苦労人”確かな足跡を残し、ユニフォームを脱ぐ

©ベースボール・マガジン社

阪神タイガース

渡邉 雄大
YUTA WATANABE

32歳の苦労人がユニフォームを脱ぐ決断をした。

今季限りで阪神を戦力外となり、11月15日の12球団合同トライアウトではキレのあるスライダーで2三振を奪った。しかしNPBで獲得に名乗りを挙げる球団はなかった。12月1日、渡邉は自身のSNSで引退を表明した。

「まだやりたい、もっと投げたい、という未練はあります。ですが一日一生、歩んできた毎日に後ろめたさは無く、天国のミキトくんに胸を張って引退をすることができました」

三条市の出身。中学1年生から本格的に野球を始めたという変わり種。しかし中越高、青山学院大を経て、卒業後に新潟アルビレックスBCに入団し、変則左腕として変化球の磨きをかけてNPB入りを目指した。入団2年目には開幕投手を務め、4年目の2017年には中継ぎながら、防御率1．29で最優秀防御率のタイトルを獲得。秋のドラフト会議でソフトバンクから育成6位指名を受け、26歳で夢を掴んだ。

3年目の20年に支配下選手となり、一軍デビュー。昨季22年には阪神に移り、一軍初勝利を挙げるなど32試合に登板し3勝1敗10ホールド、防御率2.45の成績を残した。しかし今季は一軍登板がなく、10月に戦力外通告を受けた。

「体や気持ちに問題があったわけはなく、シンプルにトライアウトを受けてNPBの球団からオファーがなかったことが引退を決めた一番の理由です。（一番印象に残っていることは）ホークスでのプロ初登板（20年9月4日のロッテ戦）と阪神でのプロ初勝利（22年4月30日の巨人戦）です」

NPB入りするにあたって、特に大きかった“出会い”が新潟アルビレックスBC時代の4年間にあったという。

「ギャオス内藤監督からは気持ちで楽しく投げることを教わり、赤堀元之監督からは中継ぎ・抑えの心構えを学びながらリーグ優勝できました。加藤博人監督は同じ左腕で投球の考え方を学び、高須洋介コーチや草野大輔コーチからは打者心理の話を聞くことができ、加藤健コーチからは捕手目線での打者への意識づけの考え方を聞きました。その順番でアドバイスを聞くことができたからすんなり会得できた部分がありました」

今後について「野球に関わる仕事をしたい」という渡邉。新潟のサポーターに「長い間応援をいただきありがとうございました」と感謝の言葉を述べ、「僕のように“諦めの悪い”選手が出てきて、プロで活躍する選手が増えて、新潟の野球界が盛り上がってくれたらいいなと思います」と笑った。新潟アルビレックスBCで4年、NPBで6年……大きな足跡を残した10年間だった。

（取材・文／岡田浩人）

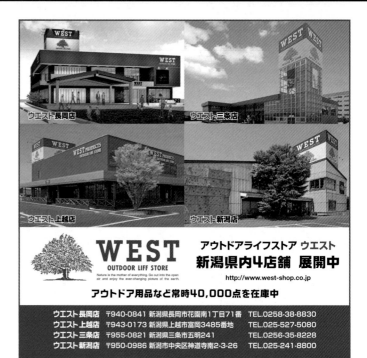

NIIGATA ALBIREX BASEBALL CLUB → NPB

OB選手

巨人戦で代打満塁弾!
後半戦で見せた手応え
来季は一軍出場を続け、
新潟での凱旋誓う

横浜DeNAベイスターズ

知野 直人

NAOTO CHINO

「今シーズンはいい一年になりました」

NPBで5年目のシーズンを終えた知野の表情は充実感で溢れていた。今季は一軍で39試合に出場し、打率・167、2本塁打、5打点ながら、出塁率は・342、OPSも・742。また試合には敗れたものの9月3日の巨人戦では1対4とリードされた2回、満塁の場面で代打出場し逆転満塁ホームランを放った。

「やっぱり満塁ホームランが印象に残っています。インハイ（内角高め）の真っ直ぐでした。インハイは自分の課題だったのですが、あの場面で打つことができてよかった。後半はチームに貢献できましたし、力になれたと自分で感じました」

三条市の出身で、高校を出て、2017年に新潟アルビレックスBCに入団。遊撃での華麗な守備とパンチ力のある打撃が特長で、走攻守で高い身体能力を見せ、18年秋のドラフトでDeNAから6位指名されて入団した。

昨季は「六番・一塁手」として開幕スタメンに名を連ねたが、守備でのミスが重なった。「精神的な弱さが出た」と唇を噛んだ。

今季はシーズン後半に一軍での出場機会が増え、キャリアハイとなる39試合に出場した。広島とのクライマックスシリーズでは三塁走者の代走で起用され、二遊間後方へのフライで判断よくスタートを切り、本塁に生還した。

「考えながら野球をやる冷静さが身についてきました。課題だったメンタル面でも徐々に冷静にプレーできるようになっています」

自らの成長も実感し、「5年間のNPB生活で一番実りのある一年だった」と振り返る。

©YDB

一方で、3年連続で打率1割台に終わった打撃では「もっと確実性を上げなければいけない。後半に少し疲れてしまったので体力強化も図りたい」とレベルアップを誓う。秋季トレーニングでは外野の練習もこなした。「契約更改の時にも『いろいろな場所を守れるようになって、行けと言われたらすぐに行ける選手になってほしい』と言われ、準備をしようと思っています」と来季へ意気込んでいる。

「早いもので5年目が終わって、チーム内でももう“若手”という扱いではなくなっていきます。今季はチームに貢献できた部分を伸ばして、『知野が必要だ』と言われるような選手になりたいです」

新潟サポーターへのメッセージを聞くと、「来年こそ、エコスタでの一軍戦（6月25日の巨人戦）に出場できるよう頑張ります。一軍で試合に出続けるので（イースタンの）オイシックスとの試合には行きません（笑）」と、あの人懐っこい笑顔をみせた。

（取材・文／岡田浩人）

©YDB

SDGs推進への取り組み

オイシックス新潟アルビレックスBCは、持続可能な地域社会を創るために、
社会性と公益性を柱とする球団運営を通じて、SDGsを推進して参ります。

SUSTAINABLE DEVELOPMENT GOALS

3 すべての人に健康と福祉を
4 質の高い教育をみんなに
8 働きがいも経済成長も
11 住み続けられるまちづくりを
12 つくる責任つかう責任
17 パートナーシップで目標を達成しよう

ここでは、オイシックス新潟アルビレックスBCが展開する各種活動の一部をご紹介させて頂きます。

経営理念

“ふるさとのプロ野球”による地方創生

野球が持つあらゆる可能性をひたむきに追求し、
魅力あふれるプロ野球チームの運営を通じて、
新潟県の地域活性化と新潟県への地域貢献を実現し、
地方創生に寄与する。

球団経営における9つの柱

野球は「社会の文化的公共財」

(日本プロフェッショナル野球協約第3条)

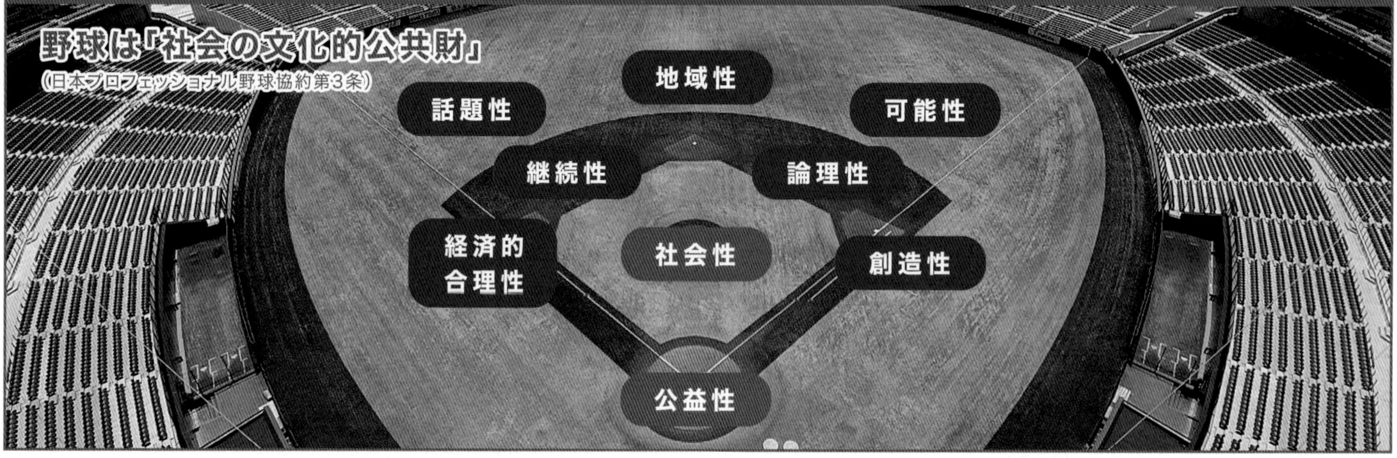

① 新潟県全域を「本拠地」として地域活性化

ホームゲームを新潟県内各地で開催
(2023年は11市町村12球場で開催)

HARD OFF ECOスタジアム新潟(2009年)

長岡市悠久山野球場(2012年)

南魚沼市大原運動公園野球場(2014年)

糸魚川市美山球場(2008年)

② 新潟で上を目指す選手の受け皿に

地元で挑戦できる環境整備
(2023年は13名の地元選手が在籍)

前川哲
柏崎市出身

熊倉凌
糸魚川市出身

栗山謙
三条市出身

佐藤滉輔
長岡市出身

阿部裕二朗
新潟市東区出身

田村颯瀬
新潟市江南区出身

佐藤拓実
新潟市西区出身

髙橋駿
聖籠町出身

荒木友斗
阿賀野市出身

上野飛鳥
上越市出身

栗山明
三条市出身

③ 新潟で上を目指す選手の受け皿に

17年間で通算11名の選手をNPBに輩出
(2023年は2名のOB選手がNPBで奮闘)

④ ふるさとで子供たちに質の高い野球の指導を

年間を通じた野球塾の運営
(新潟校・長岡校・三条校)

⑤ ふるさとで子供たちに質の高い野球の指導を

年間を通じた野球教室の開催
(新潟県内各地)

⑥ 魅力あるプロ野球チームづくり

球団の歴史を紡いで下さった歴代監督

第1代監督
後藤孝志氏
(2007)

第2代監督
芦沢真矢氏
(2008~2010)

第3代監督
橋上秀樹氏
(2011)

第4代監督
高津臣吾氏
(2012)

第5代監督
ギャオス内藤氏
(2013~2014)

第6代監督
赤堀元之氏
(2015~2016)

第7代監督
加藤博人氏
(2017~2018)

第8代監督
清水章夫氏
(2019~2020)

第9代監督
橋上秀樹氏
(2021~)

⑦ 強いプロ野球チームづくり

BCリーグ通算17シーズンで地区優勝4回(2011・2012・2013・2015)・リーグ優勝2回(2012・2015)・独立リーグ日本一1回(2012)

独立リーグ日本一を達成
(2012年10月27日・悠久山)

独立リーグ日本一を祝してサポーターの皆様とともに記念撮影
(2012年10月27日・悠久山)

⑧ ふるさとの子供たちにキャップをプレゼント

2019年春から「ドリームキャッププロジェクト」を開始　【対象】新潟県内全30市町村の小学2年生全員(2023年は約16,500人)
コンセプトは「ひとつのキャップが育む夢」　皆様からのご支援とご協力の下で構想から3年を掛けて事業化

花角英世新潟県知事を表敬訪問
(2019年3月13日・公式発表)

地元出身者は母校等を訪問した上で手渡し
(栗山謙選手・2023年7月12日・大崎学園前期学校)

地元出身者は母校等を訪問した上で手渡し
(熊倉凌選手・2023年7月18日・糸魚川小学校)

⑨ 郷土愛・地域愛の醸成(ヘルメット)

天地人・直江兼続公にちなんでヘルメットに「愛」

⑩ 郷土愛・地域愛の醸成(新潟県民歌)

試合前セレモニーでは「新潟県民歌」を斉唱

⑪ 各種訪問活動（保育園・幼稚園・小学校等）

年間を通じた各種訪問活動の展開
（新潟県内各地）

⑫ 新潟アルビレックスBCカップの開催

新潟県様と連携して学童野球大会を開催（通算9回）
（準決勝・決勝はエコスタで開催）

⑬ AED普及活動

「ミキトAEDプロジェクト」の展開によって
17年間で累計8台のAEDを寄贈

ミキトAEDプロジェクトは、2006年8月、水島正江さんの手紙から始まりました

故 水島樹人くん

故 水島正江さん

故 水島奈摘さん

ミキトAEDプロジェクトは、BCリーグ設立の大きな契機となった水島樹人くんの名前を冠にしたAED普及活動です。2007年4月、リーグ開幕と同時に本プロジェクトは始動。リーグに関わるすべての人の原点がここにあります。AEDがあれば助かったかもしれない大切な命。私たちはこれからも本プロジェクトを推進していきます。水島正江さんの想いと共に…。

AED講習会の様子
（2023年3月6日）

⑭ 法務局様との連携による人権啓発活動

一日人権擁護委員等の実施
（新潟県内各地）

⑮ 地域イベントへの参加

新潟アルビレックスBC感謝祭in越路等

⑯ 折れたバットをお箸に

福井県小浜市・兵左衛門様との事業提携
「かっとばし!!」

⑰ 野球の力で全国各地の復興支援に

2つの活動で13年間累計で6,820,414円を被災地へ
※新型コロナウイルス感染症の影響でジェット風船は現在休止中

「復興支援ゲーム」や各種募金活動等
による寄付活動を継続
13年間累計で5,552,364円

ジェット風船1パックにつき
50円を復興支援募金に
9年間累計で1,268,050円（=25,361個販売）

⑱ 野球の力で全国各地の復興支援に

被災地の子供たちとの交流活動の実施
「石巻・南三陸ベースボールキャラバン」（通算10回）

With You
2011.3.11
Japanese Red Cross Society

3.11
私たちは、忘れない。

普及活動 Report レポート

オイシックス新潟アルビレックスBCでは、新潟県の主催で「ゆめづくりスポーツ教室」を開催、通年制の野球スクール「新潟アルビレックスBC野球塾」を運営しています。

県内の小中学生を対象にオイシックス新潟アルビレックスBCの選手、普及コーチが野球の基礎基本動作などを、デモンストレーションを交えながら「楽しく、わかりやすく」をモットーに、参加してくれた児童達が、もっともっと野球を好きになって貰えるよう、指導に当たっております。

「野球塾」の様子

「ゆめづくりスポーツ教室」の様子

「ベースボールキッズ」の様子

また、2017～19年に実施し、新型ウイルスの影響で中断しておりました新潟県内の幼稚園・保育園・こども園を対象にした野球体験プログラム「ベースボールキッズ」を復活。

18園を選手、普及コーチで訪問し、園児達と共に「捕る・投げる・打つ」といった野球の動作を楽しく交流させて頂きました。

今後とも、新潟県の野球活性化に貢献できるよう活動して参ります。

新潟アルビレックス・ベースボール・クラブ
ドリームキャップ プロジェクト2023

対象

**新潟県内全30市町村の
小学2年生全員・約16,500人**

ーひとつのキャップが育む夢ー

新潟アルビレックス・ベースボール・クラブは、新潟県内全30市町村の小学2年生全員を対象として、ベースボールキャップをプレゼントする「ドリームキャッププロジェクト」を2019年に開始し、今年も継続させて頂きました。

＜小学2年生のみなさん＞

新潟県内《にいがたけんない》の小学《しょうがく》2年生全員《ねんせいぜんいん》にベースボールキャップをプレゼントしました。
スポーツの力《ちから》で新潟県《にいがたけん》を元気《げんき》にしたい、という気持《きも》ちで実施《じつし》しています。
どんなスポーツでもいいので、スポーツの楽《たの》しさを知《し》るきっかけになればうれしいです。

＜保護者の皆様へ＞

趣旨

「ひとつのキャップが育む夢」をコンセプトとして、新潟県の未来を担う子供たちの健全な成長に少しでも寄与したい、という気持ちで今年も継続させて頂きました。本プロジェクトの趣旨に賛同して頂いたスポンサー様4社からのご支援と新潟県様及び全30市町村様のご協力の下で今年も実現に至りました。

対象

新潟県内全30市町村の小学2年生全員となる約16,500人を対象として、7月上旬以降、各市町村様と連携した上で順次配布させて頂きました。

今後の構想

2024年以降も新潟県内全30市町村の小学2年生全員を対象として、毎年4月下旬頃に本プロジェクトを実施させて頂く構想です。

主　催
株式会社新潟アルビレックス・ベースボール・クラブ

共　催
新潟アルビレックス・ベースボール・クラブ後援会

特別協賛
株式会社コメリ　ナミックス株式会社　アルファスグループ　株式会社クラフティ

KOMERI　NAMICS　ALPHAS GROUP　Crafty

イシックス・ラ・大地と
ポンサーシップ契約及び
本提携契約締結を発表
2023年10月26日）

ファーム・リーグ参加への道のり 写真と新潟日報紙面で振り返る

新潟という〝地方〟で生まれ、育てられてきた「新潟アルビレックス・ベースボール・クラブ」……誕生から17年目のシーズンを迎えた2023年、新たなステージへの扉を開けた。2024年シーズンからNPB（日本野球機構）のファーム・リーグ（イースタン・リーグ）への新規参加が決まった。球団名も「オイシックス新潟アルビレックス・ベースボール・クラブ（略称・オイシックス）」へと変わり、新たなステージでの戦いに歩みを進める。ファーム・リーグ参加までの道のりを振り返る。

新たに開かれたファーム・リーグへの門戸 サポーターを前に「立候補」表明

NPBが「ファーム・リーグ拡大について」とする発表をホームページで公表したのは4月7日のことだった。NPBは2024年、もしくは2025年シーズンからファーム・リーグへ「新規参加する球団を公募する」とした。

その目的は「プロ野球の発展と全国への野球振興を目指すこと」であり、「プロ野球12球団が本拠地を置く都道府県以外の地域でもファーム・リーグを開催し、若い選手たちが自らの飛躍と将来の晴れ舞台を目指して競い合う熱戦を、多くの子どもたちやプロ野球ファンの方々に楽しんでいただくことを目指す」とした。

ファーム・リーグはそれまで、東日本地域の7球団がイースタン・リーグで、西日本地域の5球団がウエスタン・リーグに所属。1チームあたり年間約140試合のリーグ戦を繰り広げ、若手の育成や選手の調整のための試合を開催してきた。

新潟アルビレックスBCはこの発表を受け、すぐに動いた。2日後の4月9日にハードオフ・

プロ野球2軍戦拡大

アルビBC新規応募へ

来年の参加目指し準備

セ・パ両リーグを統括する日本野球機構（NPB）が2024年にも参加球団を拡大する2軍戦を巡り、ルートインBCリーグの新潟アルビレックスBCが新規参加球団の公募に手を挙げることが7日、分かった。24年からの参加を目指し、準備を進める。池田拓史社長が新潟日報社の取材に対し、明らかにした。

交流戦で巨人3軍と対戦した新潟アルビレックスBC。新規参加が認められれば新潟でもNPB2軍との試合が見られそうだ＝2022年6月4日、エコスタ

NPBは野球の裾野拡大を目的に、現在の12球団以外にも2軍戦に参加するチームを増やす。新規チームは1軍戦を行わない。

12球団が本拠地を置く都道府県以外での2球団を目安としているが、増える可能性もある。5月に公募の受け付けを始め、締め切りは24年からの参加を目指す球団が7月末、25年からは8月末。

新潟は06年に球団を設立した。池田社長は「NPBのステージで戦うことは球団創設以来の長年の夢」と強調。「実現すれば選手のレベルアップにつながるほか、県民がより質の高い野球を身近で見ることができる」と述べ、今後も地域密着を進めるとした。

新潟はNPBが示す参加条件を精査しつつ、体制づくりに向けたスポンサーなどとの協議を進める考えだ。

新潟以外には同じくBCリーグに参加する栃木のほか、熊本のチームなどが参加を目指している。新潟の池田社長は「独立リーグで16年間、球団運営してきた実績などを新潟の強みとしてアピールしていきたい」としている。

NPB2軍戦　現在12球団が参加し、イースタンリーグ7チーム、ウエスタンリーグ5チームが年間約140試合を戦う。ホーム戦は約70試合。現在イースタンには巨人、DeNA、ロッテ、楽天、西武、日本ハム、ヤクルトが参加。ウエスタンはソフトバンク、広島、オリックス、中日、阪神が争う。

▲2023年4月8日・社会面

エコスタジアムで開催されたホーム開幕戦で、池田拓史社長がサポーターを前に「公募に手を挙げさせてもらう」とファーム・リーグへの新規参加に立候補する考えを表明した。

4月17日にはNPBが開催した説明会に池田社長が出席。新潟のほかにも静岡、栃木、熊本など複数の地域から、新規に球団を立ち上げようという企業や既に活動をしている独立リーグの球団などが出席した。NPBは5月にも説明会を開催し、ここにも独立リーグの球団などが出席している。

申請には7月31日までに書類の提出が必要で、その後現地審査などを経て、9月末までに一次審査が行われ、最終的には12球団オーナー会議の承認を得て、新規参加チームが決定するという流れが発表された。

ホーム開幕戦でファーム公募に立候補する考えを表明した池田社長（2023年4月9日）

▼2023年4月18日・スポーツ面

NPB2軍参入説明会
BC新潟など出席

日本野球機構（NPB）は17日、2024年、25年シーズンから2軍戦のみに参加する新規参入球団の公募に関する説明会を東京都内で、非公開で開いた。既に応募を表明しているルートインBCリーグの新潟アルビレックスBCは、池田拓史社長が出席。静岡市内に本拠地を置く構想を持つ「ハヤテグループ」（東京）、熊本県を拠点とする独立リーグの火の国サラマンダーズなど、2桁に近い複数の企業、団体が説明を受けた。公募の受け付けは5月1日から。

9月末をめどに、球団経営についての1次審査を実行委員会で実施。24年からの新規参入を目指すチームは11月30日まで、25年からの参入は24年9月30日までに試合運営や選手育成に関する2次審査を終え、オーナー会議の承認を得て正式に参入が認められる。

1軍に新規参入する際には25億円の預かり保証金を含む30億円の加盟料が必要だが、今回は2軍に限定された参加で、加入手数料と参加預かり金を含めて数千万円程度に抑えられたとみられる。来月22日に2回目の説明会を開催する。

ファーム・リーグ参加の意義や課題を報道陣に説明（2023年6月26日）

球団創設以来の夢へ 子どもたちの未来広がる

6月26日、池田社長は新潟市で記者会見を開いた。集まった30人を超える報道陣に対し、球団の歴史や成り立ち、ファーム・リーグ参加に向けた構想や課題を詳しく説明した。そして「NPBというステージで戦うことは球団創設以来の長年の夢」と参加への強い意欲を示した。

その上で、球団がファーム・リーグに参加することが新潟県の野球界にもたらす〝効果〟について以下の3点を強調している。

1つめは「選手のレベル向上」である。同じ独立リーグに所属するチーム同士の試合に比べ、ファーム・リーグではNPBに所属する将来有望な選手と年間140試合を戦う環境が用意される。選手たちは目指すべきレベルの高い選手たちが相手となるため、「選手の力量の向上、それによりドラフト指名を受ける選手が増えることが予想される」と池田社長は話し、「さらにレベルの高い選手が新潟に集まってくる」と期待を寄せた。

2つめは「観客・新潟県民にとってのメリット」である。ファームには前年のドラフト会議で話題になった若手有望選手や甲子園をわかせたスター選手、さらに調整のために試合出場する一流選手もいる。ファーム・リーグ参加は「トップレベルの選手たちが出場する試合を新潟県民が日常的に身近に観戦することが可能となる」とし、これまで首都圏などに足を運ばなければ見ることができなかった一軍昇格を狙う新潟県出身選手の試合を、新潟県内の球場で観戦することもできる。「身近なエンターテイメントとしての野球を楽しんでいただける環境となる。隣県や首都圏からのファンによる交流人口増加につながる」と期待を表した。

3つめは、NPB選手のプレーに日常的に触れる環境ができることで「子どもたちの夢が広がり、新潟県の野球界のさらなるレベル向上につながる」と池田社長は力を込めた。

2軍戦参加 正式表明
BC新潟 NPBの公募
独立リーグ加盟は維持

ルートインBCリーグの新潟アルビレックスBCは26日、日本野球機構（NPB）12球団の2軍が試合を行うファーム・リーグ参加に関する会見を、ハードオフ・エコスタジアムで開いた。2024年からの参加希望を正式に表明し、公募締め切りの7月末に申請ができるように、準備を進めるとした。

現在ファーム・リーグはイースタン・リーグ7チームとウエスタン・リーグ5チームが、年間140試合前後を戦っている。NPBは4月に、ファーム戦のみに参加する球団の公募を決定。新潟は参加に意欲を示すとともに、4月17日の説明会にも参加していた。

会見では、イースタンへの参加を希望することを明らかにした。参加が認められれば、BCリーグの参戦はできなくなるが、日本独立リーグ野球機構への加盟は続けるとした。

新潟が06年に球団を設立し、12年から22年まで黒字経営を続けていることを強調。事業収入は2億1千万円あり、独立リーグ屈指の事業規模であることをアピールした。

一方で、人件費や遠征費が増えることや、戦力の充実、練習拠点の整備などが課題だとした。池田拓史社長は「新潟でハイレベルな試合を見てもらい、野球への関心を高めていきたい」と語った。

24年からの参加を希望する球団は、7月31日までに、25年からは8月31日までに申請を行う必要がある。9月末をめどに球団経営面などの1次審査があり、24年からの参加希望球団は11月30日までに2次審査を受ける。

ファーム・リーグへの参加希望を正式に表明する新潟アルビレックスBCの池田拓史社長＝エコスタ

▲2023年6月27日・スポーツ面

BC新潟

NPB2軍戦参加申請
ほかに2球団
審査を経て承認

ルートインBCリーグの新潟アルビレックスBCの池田拓史社長は31日、日本野球機構（NPB）を訪れ、2024年からのファーム・リーグ（2軍戦）への参加を申請した。NPBは24年、もしくは25年からリーグへ参加する球団を公募。31日が24年参加の申請締め切り日だった。新潟のほか、BCリーグ栃木を運営するエイジェック、静岡市に本拠地を置く計画の「ハヤテ223（ふじさん）」が申請した。

ファーム・リーグはイースタン・リーグ7チーム、ウエスタン・リーグ5チームが年間140試合前後を実施。参加が決まれば、約70試合のNPB2軍戦が新潟で行われる。

新潟は06年に球団を設立。NPB球団の拠点がない日本海側からの参加を狙う。池田社長は「限られた時間の中、精いっぱいのものを示した。今後は審査に向けた準備を進める」と話した。

NPBは今後、1、2次審査を実施して参加球団を決め、11月22日のオーナー会議で承認される。NPBの安部井寛野球運営本部長は、球団数やリーグの割り振りなどは今後の検討事項とし「フラットな形で見ていく。施設、経営体力も含め、いろいろ審査して決めていく」と語った。

▲2023年8月1日・スポーツ面

ファーム・リーグ参加へのハードルも 球団の強みと課題をクリアに

一方で、記者会見で池田社長は現状の課題についても率直に触れた。

NPBがファーム・リーグ参加への要件として挙げたのが①試合運営②選手育成③球団経営、の3点だった。◆

2023年9月26日・社会面▼

野球・新潟アルビレックスBC
NPB2軍戦参加有力
29日発表へ

日本野球機構（NPB）と12球団は25日、東京都内で臨時実行委員会を開いて来季からの2軍戦拡張について議論し、ルートインBCリーグの新潟アルビレックスBCと、静岡市に本拠地を置く計画の「ハヤテ223（ふじさん）」の参加が有力となった。29日のオーナー会議で承認し、発表される見通し。

審査を行ってきた小委員会の座長を務めたヤクルトの江幡秀則球団専務は詳細を明らかにせず「一つ一つ細かいところを確認した。委員の皆さんの理解を得た。オーナー会議で最終的に決まる」と語った。

新規参加には新潟アルビレックスBCとハヤテ223に加え、BCリーグ栃木を運営するエイジェックが申請していた。2軍戦は現在、イースタン・リーグ7球団とウエスタン・リーグ5球団で運営され、年間140試合前後を実施している。参加が決まれば、約70試合のNPB2軍戦が新潟で行われる見通し。

新潟はNPBの公募に対し、2006年に球団を設立し、12年から22年まで黒字経営を続けていることを強調。事業収入は2億1千万円あり、独立リーグ屈指の事業規模であることをアピールしていた。新潟はイースタンへの参加を希望している。

野球・新潟アルビレックスBC
NPB2軍戦参加内定

プロ野球のオーナー会議が29日、東京都内で開かれ、来季から拡張する2軍戦の新規参加球団に、ルートインBCリーグの新潟アルビレックスBCと、静岡市に本拠地を置く計画の「ハヤテ223（ふじさん）」を承認した。今後、選手確保などの条件を満たしているか確認し、11月22日に開くオーナー会議で最終決定する見通し。

日本野球機構（NPB）の2軍戦は現在、イースタン・リーグ7球団とウエスタン・リーグ5球団で運営され、来季は新潟がイースタン、ハヤテはウエスタンに参加する。年間140試合前後実施し、約70試合が本県で行われる見込み。

来季の2軍戦拡張に向けた公募には新潟とハヤテのほか、BCリーグ栃木を運営するエイジェックが申請。NPBは現地視察などを通じ、選手確保や球団施設、経営の持続性など7項目について審査し、新潟についてはBCリーグでの長年の運営実績を評価した。

会議後、議長を務めた西武の後藤高志オーナーは「野球の裾野を拡大し、地域がそれによって発展することを期待している」と語った。

新潟は2006年に設立。NPB球団の拠点がない本州日本海側から唯一の参加を目指し、黒字経営を続けていることなどをアピールしていた。2軍戦参加の内定を受け、池田拓史社長は「まだまだ多くの課題が残されている。正式決定してもらえるよう、全力で準備を継続する」とのコメントを発表した。

関連記事25面＝球団の運営実績評価

▲2023年9月30日・1面

イースタンで年140試合
BC新潟 NPB2軍戦参加内定
ホーム70試合 球団の実績評価

2024年から日本野球機構（NPB）の2軍戦に新たに参加する球団に、新潟アルビレックスBCが29日、内定した。ルートインBCリーグでの運営実績などが評価され、イースタン・リーグに加わる。ホーム戦に訪れるファンの増加を見込む地元からは期待の声が上がるが、NPBの最終決定に向けた課題は多い。

新潟と、静岡市を本拠地とする計画の「ハヤテ223（ふじさん）」の内定を承認したオーナー会議後の記者会見。議長を務めた西武の後藤高志オーナーは、2軍戦拡張の狙いの一つに野球の裾野拡大による地元振興を挙げ、両球団に「おおいに期待している」と強調した。

NPBの2軍戦参加で、新潟の年間試合数はBCリーグ時の約65から約140と2倍超に増え、ホーム戦も約70試合に倍増する見込みだ。

花角英世知事は新潟日報社の取材に「地域経済にとって歓迎すべきこと。県としてもやれることはしっかり対応したい」と語った。

会議後、NPBの井原敦事務局長は、新潟を内定した理由について「球団の体制がしっかりしている」と説明。新潟がBCリーグで2012～22年に黒字経営を続けていることや、ハードオフ・エコスタジアムや長岡市悠久山球場など試合会場が確保されていることを評価した。

一方、井原事務局長はBCリーグ時の経営規模より「だいぶ大きくしなければならない」と指摘。さらなる選手の確保、今後のスポンサー獲得などを新潟の課題に挙げた。

選手については、既存の12球団から最大5人の育成選手の派遣を受けられる見込み。NPBは今後、選手確保や施設整備などを詳しく確認し、問題がなければ11月のオーナー会議で正式決定する。

新潟の池田拓史社長も「まだまだ多く残されている」と自覚する課題を、チームがどうクリアしていくのかが注目される。

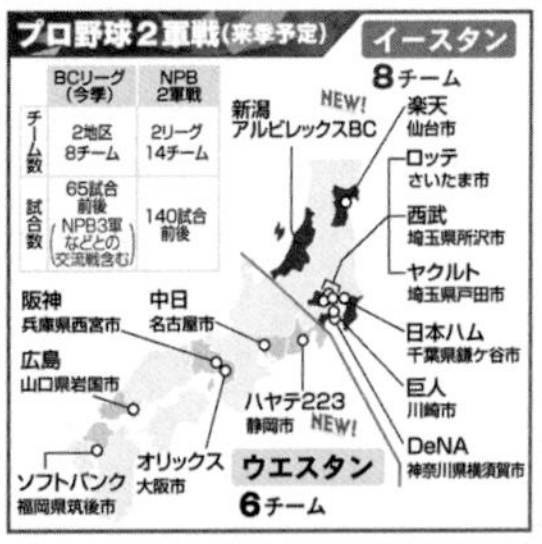

東京都内で開かれたプロ野球のオーナー会議＝29日（代表撮影）

NPB2軍　現在はイースタン・リーグ7球団とウエスタン・リーグ5球団に分かれ、各チーム年間140前後の公式戦を実施。ファームとも呼ばれ、イースタンは巨人、ヤクルト、DeNA、日本ハム、楽天、ロッテ、西武。ウエスタンは阪神、中日、広島、オリックス、ソフトバンクが所属する。リーグ間の交流戦もある。両リーグの優勝チームはファーム日本選手権で対戦し、2軍の日本一を争う。

▲2023年9月30日・スポーツ面

◆1つめの「試合運営」については「過去16年間で培った確かな試合運営のノウハウがある」と強みを強調した一方、公式戦の試合数が140試合とこれまでに比べて「倍増」することで「それに順応した試合運営体制を構築する必要がある」と課題を挙げた。特にNPB側が求める「雨天時でもビジターチームが練習可能な屋内練習場の確保」という要件について、「新潟県をはじめ各自治体から一緒にこの構想を推進するためにお力添えをお願いしたい」と行政側の協力に期待する考えを示した。

2つめの「選手育成」では、過去16年間で10人をNPBに送り出してきた実績がある一方で、2024年春までの短期間でNPBファームの選手たちと対等に戦えるだけの戦力を整備しなければならないという課題が残った。

そして3つめの課題として球団がファーム・リーグで継続して戦っていくための「安定した球団経営」が挙がった。必要な施設の整備、指導者や選手など戦力充実のための必要な人数の確保、遠征移動や宿泊費など必要経費増への対応などはファーム・リーグ参加への一番のハードルとなった。

池田社長は「独立リーグ球団としては屈指となる2・1億円の営業収入、事業規模を持っている。昨年まで11期連続の単年度黒字を達成している」と独立リーグ球団としては良好な財政運営を行っていることを強調する一方、「ファーム・リーグへの参加となると、必要な予算規模は現状の会社規模の2倍、3倍くらいにしなければならない」と新規スポンサーの獲得などを含む資金調達を大きな課題として挙げた。

行政とも新たな協力体制構築
静岡とともに内定勝ち取る

球団は7月31日に申請書類をNPBに提出。8月には球場などの現地視察が行われた。

池田社長は「16年間の球団運営の基礎があるのは大きな強み。8月以降も構想を進めるためにスポンサーや行政といろいろな形で話を継続していく」と申請内容の具体化に向けて東奔西走を重ねた。

9月11日には練習拠点でもある長岡市の磯田達伸市長のもとを訪れ、ファーム・リーグへの参加申請を行ったことの報告をし、「協力体制を強化したい」と今後の協力を求めた。

9月26日には新潟県と「スポーツ振興に関する協定」を締結したと発表。①競技力向上に関すること②みるスポーツの振興に関すること③子どものスポーツ環境整備等普及に関すること④スポーツによる地域活性化に関することなど⑤その他本協定書の目的の達成のために必要なこと、の5項目で今後協力していくことを確認した。

新潟BC、NPB2軍戦参加
「正式決定へ全力」
球場や選手確保目指す

日本野球機構（NPB）の2軍戦に来季からの参加が内定した、新潟アルビレックスBCの池田拓史社長が2日、ハードオフ・エコスタジアムで会見し、11月の正式決定に向け「課題はたくさんあるが何とかクリアしたい」と語った。試合球場や選手の確保など、NPBから出された課題解決に全力を尽くす考えを示した。

池田社長は2軍戦への参加について「日本海側の空白地から、プロ野球の発展と地方の野球振興に努めていく」と強調。約70試合が想定されるホーム戦について、エコスタが中心で、長岡市悠久山球場を使用することも明らかにし、各団体と調整するとした。

NPBは本拠地球場や練習場などの確保、戦力と選手数、経営の持続性―など7項目の参加要件を提示。全てを満たした場合、早ければ11月22日のオーナー会議で参加が決まる。

新潟は、現状27人いる選手を約40人に増やし、元NPB選手や外国人選手らの獲得を目指すとした。また、事業規模を2・5倍に増やすため、スポンサー料の見直しや新規スポンサーの獲得に取り組む考えを示した。

池田社長は「参加しても勝たないと関心は高まらない。かなり厳しいチャレンジにはなるが、全力を尽くす」と決意を述べた。

新潟は9月29日のプロ野球オーナー会議で、静岡市に本拠地を置く計画の「ハヤテ223（ふじさん）」と共に、来季からの2軍戦参加が条件付きで承認された。新潟はイースタン・リーグに参加する。

NPB2軍戦参加の正式決定に向けて決意を語る、新潟アルビレックスBCの池田拓史社長＝新潟市中央区

池田社長一問一答

池田拓史社長との一問一答は次の通り。

―どこが評価されたと考えるか。

「17年間球団経営をやってきた歴史と実績が一番大きいと思う」

―本拠地球場はどこになるのか。

「ハードオフ・エコスタジアムになると思う。悠久山など県内各地の球場を、各団体と調整しながらホームの約70ゲームを組み立てていく。練習はこれまで通り長岡市でやっていきたい」

―球団名は。

「新潟アルビレックスBCのままでいく」

―ルートインBCリーグへの参戦は。

「理想は二つ球団を持つことだが、難しい。日本独立リーグ野球機構に球団として加盟しながら、BCリーグではなく、イースタン・リーグの公式戦に参加するという考え」

―NPBは既存の12球団から最大5人の育成選手を派遣する考えだが、利用するか。

「ありうると思う。ただ、トレーニングなど12球団にとって選手を預けることが環境的にいいという判断に至らないと難しい」

―スポンサー収入をどう増やすのか。

「各社に増額のお願いなど丁寧に説明していきたい。新たに興味を持ってくれる企業があれば大変うれしい。県内に限らず構想に賛同してもらえる方を探したい」

―橋上秀樹監督は続投するのか。

「2軍戦への参加は橋上監督と共有する中で動いている。ただ、いろいろなオファーがあると思うので確定していない」

賛同企業 増やしたい

正式決定までの主な課題
- 選手40人程度の確保（現在練習生を除いて27人）
- スポンサー収入増額のめど
- ハードオフ・エコスタジアム、悠久山球場など、ホーム70試合分の会場確保の調整
- 屋内練習場、選手寮などの整備計画

▲2023年10月3日・スポーツ面

9月29日、東京都内で開かれた12球団オーナー会議で、新潟アルビレックスBCと静岡市に本拠地を置くハヤテ223の、2球団の2024年シーズンからのファーム・リーグ参加が「内定」した。新潟が選ばれた理由は、独立リーグでの経営経験、組織への信頼度、球場の確保が可能だったことなどが挙げられたという。

内定の報せを受け、池田社長は週明けの10月2日、新潟市で記者会見を開き、「スタートラインに立つためのスタートラインに立たせていただいたという認識。今後もスピード感を持って前進したい」と正式決定へ、全力で取り組む考えを強調した。★

オイシックス新潟アルビレックスBC 共同経営体制へ

NPB2軍参戦 新球団名

新球団名を発表する（右から）新潟アルビレックスBCの池田拓史社長、オイシックスの高島宏平社長、橋上秀樹監督＝26日、東京都

来季からの日本野球機構（NPB）の2軍戦参加を目指す新潟アルビレックスBCは26日、球団名を11月から「オイシックス新潟アルビレックスBC」に変更すると発表した。食品宅配大手の「オイシックス・ラ・大地」（東京）がメインスポンサーとなり、チームのネーミングライツ（命名権）を取得し、NSGグループと共に経営にも携わる。

新潟は来季からのNPB2軍戦参加が内定し、11月22日のオーナー会議で正式に決まる。NPBが経営の持続性を参加要件に挙げているため、新規スポンサーの獲得を進めていた。

球団名の略称は「オイシックス」。命名権の契約期間は5年間で、契約金は年間約2億5千万円とみられる。

オイシックス本社で行われた新球団名発表会では、同社が球団の株式を20％前後取得し、筆頭株主のNSGグループとの共同経営体制になる方針が示された。オイシックスの高島宏平社長が2024年1月以降、球団の代表取締役会長に就任する。

新潟の池田拓史社長は「大変力強いサポートをいただいた。安定した球団経営になるよう努めていく」と話した。高島社長は「ブランド名を認知させるためには野球の力は絶大だ」と述べた。

オイシックスは00年6月設立。23年3月期の売上高は1151億7千万円。子会社に移動スーパーの「とくし丸」、関連会社に給食大手の「シダックス」などがある。

関連記事 22面＝資金調達で大きく前進

▲2023年10月27日・1面

資金調達で大きく前進

年間2億5千万円 選手確保なお課題

新潟BC、命名権を売却

来季からの日本野球機構（NPB）2軍戦参加を目指す新潟アルビレックスBCが、食品宅配大手の「オイシックス・ラ・大地」（東京）に球団名のネーミングライツ（命名権）の売却を決めた。NPB参加に向け重要な課題となっていた資金調達面で、大きく前進した。

「目標に掲げている最低ラインは見えた」。東京都内で26日に開かれた新球団名発表の記者会見で、新潟の池田拓史社長は安堵（あんど）した表情を浮かべた。

関係者によると、契約期間は5年間で、命名権料は年間約2億5千万円とみられる。新潟の事業規模は現在約2億円で、NPBへの参加により最低5億円が必要だと試算していた。資金面への一定のめどはついたが、池田社長は「できれば6億円まで持っていきたい」とし、資金調達を続ける考えを示した。

2軍戦参加の内定を受けた10月の記者会見で、池田社長は球団名は変更しないとしていたが、実際には水面下で動いていた。

オイシックスは会社が男性にあまり知られていないことから、人気スポーツのプロ野球に着目。同社の髙島宏平社長は会見で、球団の筆頭株主であるNSGグループの池田弘会長と親交があったとし、5月から協議を進めていたという。

NPBが求める2軍戦への参加要件は運営費の問題だけではなく、試合会場や選手の確保なども挙げている。

球団はホーム球場をハードオフ・エコスタジアムとし、長岡市悠久山球場なども使用する考えだが、高校野球など各種団体との調整が不可欠となる。

また、2軍戦を戦えるだけの戦力を確保する必要があり、元NPB選手らの獲得を視野に入れている。

参加の可否が決まる11月22日のオーナー会議に向け、球団がこれらの課題を解決し、明確な経営ビジョンを示せるかが注目される。

新球団名発表の記者会見で質問に答える新潟アルビレックスBCの池田拓史社長（中央）＝東京都

▲2023年10月27日・スポーツ面

★オイシックスとスポンサーシップ契約及び資本提携契約 正式決定でまだ見ぬ未来へ

NPBドラフト会議の行方にも注目が集まった10月26日。池田社長と橋上秀樹監督が上京し、東京都内で記者会見に臨んだ。向かった先は大崎に本社がある食品宅配大手の「オイシックス・ラ・大地」。高島宏平社長と3ショットで報道陣の前に現れ、新たに資本提携を結んだこと、球団名の命名権を売却し、高島社長が2024年1月から球団の会長に就任することが発表された。

高島社長は会見で、球団の筆頭株主であるNSGグループの池田弘会長と親交があり、5月から協議を進めていたと明かし、「ブランド名を認知させるためには野球の力は絶大。どこよりも選手がすくすく育つ球団にしたい」と期待を語り、「2026年までに日本代表選手の輩出を目指す」と目標を掲げた。

新球団名は「オイシックス新潟アルビレックス・ベースボール・クラブ（略称・オイシックス）」と発表された。

ファーム・リーグ参加に向けて最も大きな課題となっていた資金調達面で大きく前進し、池田社長は「大変力強いサポートをいただいた。安定した球団経営になるよう努めていく」と経営の安定化にさらに力を注ぐ考えを示した。

11月22日、東京都内で開かれたNPBオーナー会議で、来季からのファーム・リーグ戦にオイシックスの参加が承認され、正式決定した。

池田社長は新潟市で正式承認の電話連絡を受けた。「大変光栄でありがたい」と喜びを表しながらも、「開幕を迎えるために、一日一日残された課題に全力を尽くしていく」と報道陣にコメント。「（ファーム・リーグ拡大は）新潟県の野球をやっている子どもたちにとって素晴らしい構想。継続していける安定した球団経営を目指したい」と表情を引き締めた。

12月8日には新潟市のハードオフ・エコスタジアムで新入団選手の発表記者会見が開かれ、新たに加わる23人の選手（会見には2人欠席）がお披露目された。広島カープで最高勝率の投手タイトルを獲得した経験を持つ薮田和樹や、阪神タイガースで新人王に輝いた外野手・高山俊ら、名のあるNPB経験者の入団が決まり、サポーターからも期待の声が上がっている。

池田社長はこの席で、2024年シーズンの「4つの目標」を示した。

1つめは「安定的な球団経営」、2つめは「初年度から優勝という気持ちを持ちつつ、勝率4割のラインを当面の目標にチームづくりをしたい」という成績目標、3つめは「ホーム1試合平均で2023年のソフトバンクの約1600人を上回る、ファーム・リーグ最多となる観客動員」、4つめは「移籍とドラフト指名を合わせてNPBへ5人以上輩出すること」。いずれも今後、球団が継続的、そして安定して新潟でファーム戦を開催するために重要な目標である。

独立リーグ・ルートインBCリーグの創設時から17年間在籍し、「ふるさとのプロ野球」を定着させた「新潟アルビレックスBC」は、NPBファーム・リーグ参加という一つの階段を上がり、新たに「オイシックス新潟アルビレックスBC」としてスタートを切り、2024年シーズンを戦う。スポンサー、サポーターとともにまだ見ぬ未来を目指す。

（文／岡田浩人）

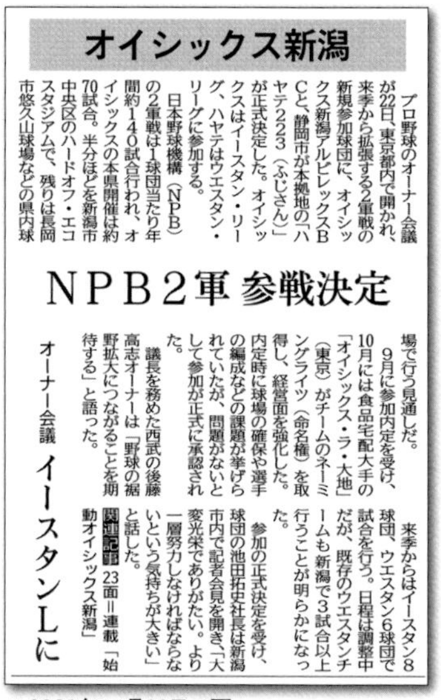
オイシックス新潟

NPB2軍 参戦決定

オーナー会議 イースタンLに

プロ野球のオーナー会議が22日、東京都内で開かれ、来季から拡張する2軍戦の新規参加球団に、オイシックス新潟アルビレックスBCと、静岡市が本拠地の「ハヤテ223（ふじさん）」が正式決定した。オイシックスはイースタン・リーグ、ハヤテはウエスタン・リーグに参加する。

日本野球機構（NPB）の2軍戦は1球団当たり年間約140試合行われ、オイシックスの本県開催は約70試合。半分ほどを新潟市中央区のハードオフ・エコスタジアムで、残りは長岡市悠久山球場などの県内球場で行う見通しだ。

9月に参加内定を受け、10月には食品宅配大手の「オイシックス・ラ・大地」（東京）がチームのネーミングライツ（命名権）を取得し、経営面を強化した。内定時に球場の確保や選手の編成などの課題が挙げられていたが、問題がないとして参加が正式に承認された。

議長を務めた西武の後藤高志オーナーは「野球の裾野拡大につながることを期待する」と語った。

来季からはイースタン8球団、ウエスタン6球団で試合を行う。日程は調整中だが、既存のウエスタンチームも新潟で3試合以上行うことが明らかになった。

参加の正式決定を受け、球団の池田拓史社長は新潟市内で記者会見を開き、「大変光栄でありがたい。より一層努力しなければならないという気持ちが大きい」と話した。

関連記事 23面＝連載「始動オイシックス新潟」

▲2023年11月23日・1面

ファーム・リーグ参加正式承認の報せを受け、報道陣にコメントする池田社長（2023年11月22日）

今シーズンのご支援ありがとうございました!

新潟アルビレックス・ベースボール・クラブ後援会 会員名簿【2023年12月現在】

※お名前の掲載を希望された会員様のみ掲載しております。掲載を希望されない方は、事務局までご連絡ください。
（個人ライト会員・個人ジュニア会員の掲載はございません）

■法人会員

【見附地区】	(株)里味・(有)久住商会
【糸魚川地区】	(有)熊倉・(株)木島組
【上越地区】	(株)宮崎商店・飛田テック(株)・(株)柿崎機械・(有)佐藤工業所・ウエノテックス(株)
【長岡地区】	アクシアル リテイリング(株)・グリーンヒル長岡ゴルフ倶楽部・(株)宮下電設・(株)伊藤建設・(有)長岡ドーム・長岡技術科学大学教育振興会・(株)早川組・コマツカスタマーサポート(株)・(株)長岡中央魚市場・(株)三青・長岡カントリー倶楽部・戸内整形外科クリニック・永常石油(株)・長岡市職員互助会・(公財)長岡市スポーツ協会・(株)ユーエス・ネイルヘルス(株)・(有)石武・(株)新潟県厚生事業協同公社・(株)日越土地利用管理センター・越後交通(株)・(株)サカタ製作所・(株)棚橋組
【新潟地区】	(株)田中屋本店・(株)新潟ケンベイ・(株)ナビック・丸周運送(株)・(有)インテグレート・グラフィックス・(株)テレビ新潟放送網・(弁)新潟シティ法律事務所・丸榮製粉(株)・福田石材(株)・(株)北日本ビルサービス・北陸ガス(株)・(株)栗田工務店・比留川勇広告写真事務所・新潟信用金庫・(株)第四北越銀行・新潟県酒類販売(株)・松山重車輌工業(株)・新潟中央青果(株)・(株)新潟日報社・(株)はあとふるあたご・愛宕商事(株)・(宗)神明宮・(学)新潟総合学院・(学)国際総合学園・新潟医療福祉大学・(株)新宣・(株)新潟グランドホテル・(株)太嘉商事・創価学会 新潟池田文化会館・(株)シアンス・(株)創エスピー・(株)Matchbox Technologies・(協組)新潟卸センター・新潟日報会・(医)愛広会・(株)エデュースホールディングス・(株)トーテック・藤田金属(株)・(株)アンドクリエイト・(株)クレイズプラン・(株)新潟市環境事業公社・(株)鈴木コーヒー・(株)三愛ビル管理・(株)アイ・シー・オー・(株)ワークアクト北日本・(一社)新潟県野球連盟・(株)NSG ビジネスサポート・居酒屋 笑太・デュプロ販売(株)・(株)民電社・立正佼成会新潟教会・(株)エヌエスアイ・新潟第一観光バス(株)・(株)村尾技建・フェルミエ・SMBC 日興証券(株)新潟支店・風間・三科法律事務所・(株)新潟フレキソ・一般社団法人新潟ふるさと組合・志田社会保険労務士事務所・(株)シーキューブ・二和薬品(株)・新潟ベンチャーキャピタル(株)・須貝商会・郷土料理 秋山郷・(株)松田工業所
【村上岩船地区】	(株)松沢商会
【佐渡地区】	(有)浩資商会・(株)共立テクノ
【県央地区】	(株)カンダ・三条市職員互助会・(有)綿久・セントラル観光(株)
【五泉地区】	(株)越配
【新発田聖籠地区】	(株)石井組・(株)関川水道・(株)タートル・新菖工業(株)
【魚沼地区】	(有)小出自動車工業
【柏崎刈羽地区】	柏崎市職員互助会・ひまわり歯科医院・(株)アイテック・永井コンクリート工業(株)
【十日町市】	大村建設(株)
【阿賀野市】	(株)ペタバイト
【県外】	(株)デルタマーケティング・(宗)花光院・寶泉寺・(株)ビッグウェイブ

■チーム会員

【長岡地区】	NAGAOKA 米百俵・和島地区野球協会
【新発田聖籠地区】	聖籠町商工会青年部野球部
【魚沼地区】	チーム・ヤナガセ
【南魚沼市】	六日町高校野球部育成会

■個人ダイヤモンド会員

【長岡地区】	太田和男・今井誠・長谷川晃
【新潟地区】	塚田一郎・弦巻英雄・田邉善和
【県央地区】	若林公二
【県外】	竹内葵

■個人プレミアム会員

（順序不同・敬称略）

【長岡地区】	五十嵐達男・金澤秀一
【新潟地区】	上村正浩・若松大輔・榎本政弘・桜井誠・中山浩・石崎大輔・渡辺明宏
【五泉地区】	伊藤正樹・齋藤政利
【新発田聖籠地区】	小野郁子・本間健
【県外】	高橋知見・田中包子

■個人レギュラー会員

【見附地区】	野川守男・金井薫平・下村靖・牛腸茂・武石光弘・髙野正行・山谷利明・斉藤修三・高柳務・山田悠佑
【糸魚川地区】	竹田浩・大嶋洋介・保坂妙子
【上越地区】	水澤一憲・関久・小日向俊郎・土肥哲雄・上野仁・宮崎義則・野澤悦子・須田哲夫・吉村峰夫・三原田誠
【長岡地区】	松田亨・高野哲也・石黒保・鈴木隆道・伊丹義夫・竹井進一・大久保清治・江口道雄・渡邉義行・佐藤智宏・中山繁・小見司・田辺芳浩・田辺朋美・渡邊泰崇・津野正敏・岩渕義征・大橋清一・南誠・渡邊博・安達恵一郎・吉田ひとみ・関万里子・山内厚・廣川祐一・荒嶋明・堀越新一・白井昭子・柳澤恒大・斎藤智恵子・中川敦宏・片桐秀央・今井薫・永見街子・三浦滋・早川尚美・齋藤亮・小野塚克司・小川大二郎・柴嶺正美・加藤博道・椙沢弘二・山田直樹・田井友彦・柳下浩三・近藤久嗣・佐藤美和子・小林和矢・森山昭則・杉江克一・早川肇夫・岩下和広・山後祐一・猪俣宜彦・瀧口陽子・奈良場裕美・猪俣泰子・伊藤太紹
【新潟地区】	鈴木正喜・藤橋公一・土屋直樹・中村雅信・飯嶋篤史・清水正範・渡邉裕康・金子健三・白勢仁士・佐藤富美則・本名浩史・水嶋雄司・山内春夫・佐藤淳・渡辺正美・村越晴夫・大倉睦夫・谷内田和人・田部真貴子・山岸直志・池田弘・大竹雅広・海津彰・大野彦栄・岡田浩利・槇口一則・上杉知之・箕輪栄吉・富山歩・三浦賢一・小林正仁・大塚忠雄・藤橋久子・梶山美佐男・丸山仁・木村彰・大津正嗣・渡辺敏彦・相馬透・山﨑真・横瀬秀哉・村岡正彦・長井一彦・内藤愛子・池田祥護・石倉康宏・速水康晴・大野一郎・石田愛子・山崎智彦・平野志真子・川岸保成・野口和人・小林秀夫・石附正広・館秀雄・広川忠義・瓜生雅樹・星野文武・星野彩子・真保学・小暮健太郎・仲山かおり・山田一雄・阪井和枝・内藤洋子・内藤太津雄・小林朋子・山之内哲子・渡邉孝弘・松田玲一・斉藤綾子・三浦正統・仲野博文・中村庄汰・野口正人・仲井光代・小林イツ・池田拓史・地濃豊・須戸悦夫・井上和紀・近藤壮一・佐藤俊一・海老江理貴・石見睦・米山泰広・佐藤弘二・平澤英一・平澤まさ子・小日山かおる
【村上岩船地区】	前川隆志・川村敏晴・片野義房・近良平・石栗孝男・飯島久・國井一二・坂上正信・小野哲之
【県央地区】	渋木尚夫・小林祐二・早川博・外山信良・中村正男・岡村茂則・福井昭治・本間豊・坂井正志・岡村幸子・小林勝広・野澤英明・岩月芳明・渡辺崇・栗林冨久一・山口誠・小林敏裕・石村豊彦・大竹等・石村道子・中条博・堀内厚・横山容司郎・有本剛
【五泉地区】	西山清志・石田公生・辰喜太輔・大槇彰吉・日高太郎・齋藤吉典
【新発田聖籠地区】	伊藤良裕・椿朋子・渡邉滋・阿部嘉一・石井修・岩城裕幸・齋藤順子・小野花南・安達弘毅・小林信裕・小林初美
【魚沼地区】	井木尚人・青山春彦・佐藤公彦・山田英樹
【柏崎刈羽地区】	新野京一・前澤晃・大塚克男・井比孝広・加賀谷浩文・廣嶋一俊・藍沢一男・品田宏夫・吉田孝継・飯田彰二・曽根直樹・関井忠和・日影慎一・山田善孝・春日孝郎・太田正純・品田昌宏・内山岳洋
【小千谷市】	髙橋普美子
【十日町市】	池田和彦
【阿賀野市】	鈴木康寛・関川隆弘・吉岡健一・齋藤慶一・佐藤学
【南魚沼市】	池田静夫・池田令子・廣田新一・髙野一彦・北村秀雄
【胎内市】	坂上宏樹・片野周一・布川和成
【三島郡】	佐藤三夫
【県外】	本保日出生・富田郁子・風間亮太・磯田久夫・田中卓・平尾勝重・星野和明・山本純一・宮本貴史・林隆洋・髙田浩次・山越亮欣・城石ひろみ・牛頭真也・丸山莉奈・高雄洋

お問い合わせ
新潟アルビレックス・ベースボール・クラブ後援会事務局
TEL:025-250-5534　E-mail:staff8@niigata-abc.jp

新潟アルビレックス・ベースボール・クラブ後援会 会長挨拶

後援会員の皆様、2023年シーズンも温かいご声援を賜りまして、誠にありがとうございました。

チームは、今シーズンも優勝を果たすことはできませんでしたが、NPBドラフト会議において伊藤琉偉選手が東京ヤクルトスワローズ様からドラフト5位指名を受け、4年ぶりにNPBに選手を送り出すことができました。これもひとえに後援会員様の温かいサポートの賜物と心より御礼申し上げます。

さて、皆様ご存じの通り、来シーズンより「オイシックス新潟アルビレックスBC」のNPBイースタン・リーグでの戦いがスタートし、更にレベルアップした戦いで我々を楽しませてくれるものと期待しております。

後援会としましても、球団の健全経営を支えるべく、更なる安定した収入基盤を構築し、チームを物心両面でサポートしていきたいと存じます。

今後も皆様の絶大なるご理解とご支援を心よりお願い申し上げます。

新潟アルビレックス・ベースボール・クラブ後援会
会長　塚田 一郎

新潟アルビレックス・ベースボール・クラブ後援会とは

新潟アルビレックス・ベースボール・クラブ後援会は、オイシックス新潟アルビレックスBCを集客面、財政面でバックアップすることを目的に活動しております。

皆様からお預かりしました会費は、後援会運営に必要な経費を除いた全額をクラブに財政支援しております。

後援会からの財政支援金は、野球用具費、チーム強化費、遠征費、宿泊費、各種練習環境整備等、選手がより野球に集中できる環境づくりに充てられております。

また2019年よりオイシックス新潟アルビレックスBCで実施しております、「ドリームキャッププロジェクト」の協賛金の一部としても支援金が使われております。

ぜひ後援会にご入会いただき、私たちと共にチームを支え、応援していただきますようお願い申し上げます。

◆年会費◆

※2024年度より、一部会員種別・会費を変更させていただきます。

個人ダイヤモンド会員	1口	55,000円（税込）
個人プレミアム会員	1口	33,000円（税込）
個人レギュラー会員	1口	11,000円（税込）
個人ジュニア会員	1口	2,200円（税込）
法人会員	1口	33,000円（税込）
チーム会員	1口	22,000円（税込）

※いずれも複数口のお申込が可能です。

◆会　期◆

1月1日～12月31日

◆会員特典◆

- ホームゲーム観戦チケット
- ホームゲーム先行入場権
- 会員証

他、会員種別により様々な特典がございます。詳しくはオフィシャルホームページ（http://www.niigata-albirex-bc.jp/）をご参照下さい。

2023年度 会員数・会費収入状況

※2023年12月現在

	2023年度	2022年度	前年比
●個人ダイヤモンド会員	11口	11口	0口
●個人プレミアム会員	22口	20口	+2口
●個人レギュラー会員	346口	385口	−39口
●個人ライト会員	57口	59口	−2口
●個人ジュニア会員	136口	90口	+46口
●法人会員	145口	150口	−5口
●チーム会員	5口	5口	0口
会員数合計	722口	720口	+2口
会費収入	**10,369,700円**	**10,853,700円**	**−484,000円**

後援会事務局より

2024年度
後援会会員
募集中!

2024年度の会員特典等詳細はオフィシャルホームページ後援会ページをご確認ください。

2023年度も温かいご支援を賜りまして、誠にありがとうございました。

さて、皆様もご存じの通り、11月1日よりチーム名は「オイシックス新潟アルビレックスBC」に変わり、来シーズンよりNPBイースタン・リーグでの戦いがスタートいたします。

それに伴いまして、球団人件費、野球用具費、チーム強化費、遠征費、宿泊費、各種練習環境整備等のため、諸経費の大幅な増加が予想されます。

クラブが安定した球団経営の基盤を短期間で構築できるよう、後援会としましても今後更なる支援体制をつくり、サポートして参ります。

現在、2024年度会員様の募集を行っております。

今後とも温かいご支援、ご声援を賜りますよう何卒よろしくお願い申し上げます。

アルビレックス各クラブ紹介

新潟には、オイシックス新潟アルビレックス・ベースボール・クラブ以外にも、「アルビレックス」の名を冠して活動を展開する様々なクラブがあります。サッカー、バスケットボールといった球技だけでなく、陸上、スキー・スノーボード、モータースポーツ、子ども向け総合スポーツクラブ、各クラブを応援するチア等、競技は多岐にわたります。
さらには、その活動エリアは新潟だけでなく、シンガポールやバルセロナといった世界にも広がりを見せています。
ここでは、新潟、そして世界を舞台にスポーツで地域を元気にするアルビレックスの各クラブをご紹介します。

アルビレックス新潟
＜サッカー／Jリーグ＞

©1997 A.N.INC.

創設：1996年　運営法人：株式会社アルビレックス新潟

アルビレックス新潟レディース
＜女子サッカー／WEリーグ＞

©1997 A.N.INC.

創設：2002年　運営法人：株式会社アルビレックス新潟レディース

アルビレックス新潟シンガポール
＜サッカー／シンガポールリーグ＞

創設：2003年　運営法人：Albirex Singapore Pte Ltd

アルビレックス新潟バルセロナ
＜サッカー／カタルーニャ州リーグ＞

創設：2013年　運営法人：Albirex Singapore Pte Ltd

新潟アルビレックスBB
＜バスケットボール／Bリーグ＞

©NIIGATA ALBIREX BB

創設：2000年　運営法人：株式会社新潟プロバスケットボール

新潟アルビレックスBBラビッツ
＜女子バスケットボール／Wリーグ＞

©NIIGATA ALBIREX BB RABBITS

創設：2011年　運営法人：株式会社新潟プロバスケットボール

新潟アルビレックスランニングクラブ（新潟アルビレックスRC）
＜陸上＞

創設：2005年　運営法人：株式会社新潟アルビレックスランニングクラブ

チームアルビレックス新潟
＜スキー・スノーボード＞

創設：2004年　運営法人：株式会社チームアルビレックス

アルビレックスレーシングチーム（アルビレックスRT）
＜モータースポーツ＞

創設：2010年　運営法人：株式会社スピードパーク新潟

オールアルビレックス・スポーツクラブ
＜子ども向け総合スポーツクラブ＞

創設：2013年　運営法人：一般社団法人ジャパン・スポーツ・フボフトリー

アルビレックスチアリーダーズ
＜チア＞

創設：2001年　運営法人：株式会社アイ・シー・オースポーツマーケティング

オイシックス新潟アルビレックスBC
＜野球／NPBイースタン・リーグに新規参加（2024～）＞

創設：2006年　運営法人：株式会社新潟アルビレックス・ベースボール・クラブ

2023年シーズン終了のご報告と御礼

株式会社新潟アルビレックス・ベースボール・クラブ
代表取締役社長 **池田 拓史**

今シーズンも熱いご声援をお送り頂きまして、ありがとうございました。チームスローガン「頂」の下で8年ぶりのリーグ優勝を目指して戦いましたが、残念ながら地区CSで敗退という結果となりました。しかし、今後が楽しみな選手たちが躍動し、来シーズンにつながる手応えを感じております。

さて、4月7日にNPBファーム・リーグ拡大構想が発表されたことを受けて、弊球団が参加させて頂ける資格を得られるよう新規参加申請にチャレンジし、7月31日に申請書を提出致しました。各種審査をお受けし、9月29日に開催されたNPBオーナー会議において来シーズンからのイースタン・リーグへの新規参加について内定通知を頂くことができました。その後、オイシックス・ラ・大地株式会社様とスポンサーシップ契約を締結し、チームネーミングライツ方式を導入。11月1日より、新球団名は「オイシックス新潟アルビレックスBC」となることを10月26日に開催した記者会見で発表致しました。その後も正式決定を目指して各種準備を継続し、11月22日に開催されたNPBオーナー会議においてご承認を頂くことができました。

この場をお借りしまして、本構想に関する議論を深めて頂いたNPB関係者の皆様のご尽力に対して心より感謝申し上げます。そして、スポンサーの皆様、株主の皆様、後援会の皆様、サポーターの皆様、メディアの皆様、パートナーの皆様、ボランティアスタッフの皆様、新潟県野球協議会の皆様、長岡野球協議会の皆様、県市町村の関係者の皆様、その他、弊球団を支えて下さる全ての皆様に対して心より感謝申し上げます。

また、弊球団、オイシックス・ラ・大地様、弊球団の筆頭株主である株式会社NSGホールディングスの3社で資本提携契約を締結致しました。引き続き責任会社としてNSGグループが球団経営の中核を担いますが、NSGグループとオイシックス・ラ・大地様との共同経営体制に移行します。17年間で培った確かな球団運営のノウハウをベースに、さらに革新的かつ安定した球団経営の基盤を短期間で構築できるよう努めて参ります。

BCリーグにおける17年間の歴史と実績に恥じぬよう一層真摯に取り組んで参りますので、今後とも変わらぬご理解とご支援、ご指導ご鞭撻を心よりお願い申し上げます。オイシックス新潟アルビレックスBCは、経営理念である「"ふるさとのプロ野球"による地方創生」をさらに推進して参ります。

経営理念

"ふるさとのプロ野球"による地方創生

野球が持つあらゆる可能性をひたむきに追求し、
魅力あふれるプロ野球チームの運営を通じて、
新潟県の地域活性化と新潟県への地域貢献を実現し、
地方創生に寄与する。

球団職員・後援会職員ご紹介

❶出身地 ❷生年月日／年齢 ❸球団在籍年数
❹投打 ❺血液型 ❻経歴 ❼前職 ❽主な業務内容
❾皆様へのメッセージ

代表取締役社長

池田 拓史《いけだ ひろし》

❶新潟県南魚沼市(旧塩沢町)❷1981年8月10日／42歳❸16年❹右投右打❺B❻塩沢小(新潟県)→塩沢中(新潟県)→国際情報高(新潟県)→北海道大(北海道)❼リクルート(人材領域での営業職)→BCリーグ事務局❽経営企画全般、予算策定・予算管理、スポンサー営業等❾真の意味で地方創生に寄与できる球団となれるよう、志を高く持って邁進します。

取締役会長

藤橋 公一《ふじはし こういち》

❶新潟県新潟市❷1948年5月20日／75歳❸18年❹右投右打❺B❻山の下小(新潟県)→山の下中(新潟県)→新潟商業高(新潟県)❼アルビレックス新潟後援会専務理事❽業務全般❾新たなステージ、新たな気持ちで取り組みます。

取締役
総合営業部 部長 兼 編成部 部長

辻 和宏《つじ かずひろ》

❶静岡県袋井市(旧浅羽町)❷1983年5月13日／40歳❸12年❹右投右打❺O❻湯ヶ島小(静岡県)→東陽小(東京都)→浅羽南小(静岡県)→浅羽中(静岡県)→磐田南高(静岡県)→大阪体育大(大阪府)❼読売巨人軍ジャイアンツアカデミーコーチ❽スポンサー営業、チーム編成❾日本一おいしい球団づくりに向けて、また1人でも多くの子どもが野球を好きになるきっかけをつくれるよう、努めて参ります。

総合営業部

内藤 真理子《ないとう まりこ》

❶新潟県長岡市(旧越路町)❸16年❹右投右打❺O❻岩塚小(新潟県)→越路中(新潟県)→帝京長岡高(新潟県)→帝京大(東京都)→アップルスポーツカレッジ(新潟県)❼学生(アルビBCインターン生)❽スポンサー営業、ボランティア窓口、試合運営、地域貢献活動など❾皆様に愛される球団を目指します!来シーズンも応援よろしくお願い致します。

総合営業部

山口 祥吾《やまぐち しょうご》

❶神奈川県秦野市❷1992年9月11日／31歳❸6年❹左投左打❺A❻秦野西小(神奈川県)→秦野西中(神奈川県)→立花学園高(神奈川県)→ロッテ(育成)→新潟❼新潟選手❽スポンサー営業、野球塾及び野球教室運営・指導、試合運営❾新たな挑戦、皆さんさらに新潟を盛り上げていきましょう!

総合営業部

中西 啓太《なかにし けいた》

❶和歌山県海南市❷1992年4月23日／31歳❸4年❹右投右打❺A❻南野上小(和歌山県)→東海南中(和歌山県)→星林高(和歌山県)→帝塚山大(奈良県)→新潟❼新潟選手❽スポンサー営業、後援会営業、野球塾及び野球教室運営・指導、試合運営❾新たなステージとなりますが、これまで以上に野球の魅力、楽しさを子供達に伝えていきます!

総合営業部

斉藤 雄太《さいとう ゆうた》

❶千葉県市川市❷1994年7月22日／29歳❸7年❹右投右打❺A❻曽谷小(千葉県)→市川市立第三中(千葉県)→市立船橋高(千葉県)→国際武道大(千葉県)❼学生❽スポンサー営業、広報、試合運営、野球塾及び野球教室運営・指導❾これまでもを大切に、これからも直向きに努力して参ります!

総務部 ／ 後援会事務局

小林 裕紀子《こばやし ゆきこ》

❶新潟県新潟市❸15年❹右投右打❺B❻鏡淵小(新潟県)→白新中(新潟県)→新潟中央高(新潟県)→順天堂大(千葉県)❼アルビレックス新潟後援会スタッフ❽総務全般／後援会会員管理、総務全般❾これまでクラブを支えて下さった全ての方への感謝の気持ちを忘れることなく、新たなステージでも精進いたします。

NIIGATA ALBIREX BASEBALL CLUB

オイシックス新潟アルビレックス・ベースボール・クラブ オフィシャルイヤーブック2023
2023年12月31日 発行
発行：株式会社新潟アルビレックス・ベースボール・クラブ 〒950-0932 新潟県新潟市中央区長潟570番地 HARD OFF ECOスタジアム新潟内 TEL:025-250-5539
編集制作：株式会社新潟日報メディアネット 印刷：株式会社 DI Palette 表紙デザイン：有限会社インテグレート・グラフィックス
Special Thanks 編集協力：岡田浩人(新潟野球ドットコム) 白鳥健太郎(スポーツニッポン新聞社 新潟支局長) 室橋宏幸(ムロハシデザイン)
株式会社 DI Palette 有限会社インテグレート・グラフィックス 株式会社アイ・シー・オー
カメラマン：岡田昭彦 金子光 50音順